地方金融发展求真

应宜逊 著

浙江工商大学出版社 ZHEJIANG GONGSHANG UNIVERSITY PRESS | 杭州

图书在版编目（CIP）数据

地方金融发展求真 / 应宜逊著 . — 杭州 : 浙江工商大学出版社 , 2023.4
ISBN 978-7-5178-5198-1

Ⅰ . ①地… Ⅱ . ①应… Ⅲ . ①地方金融事业—经济发展—研究—中国 Ⅳ . ① F832.7

中国版本图书馆 CIP 数据核字（2022）第 217232 号

地方金融发展求真
DIFANG JINRONG FAZHAN QIUZHEN

应宜逊 著

责任编辑 张 玲
封面设计 望宸文化
责任校对 张春琴
责任印制 包建辉
出版发行 浙江工商大学出版社
（杭州市教工路 198 号 邮政编码 310012）
（E-mail：zjgsupress@163.com）
（网址：http://www.zjgsupress.com）
电话：0571-88904980，88831806（传真）
排 版 杭州浙信文化传播有限公司
印 刷 杭州高腾印务有限公司
开 本 710 mm × 1000 mm 1/16
印 张 15
字 数 230 千
版 印 次 2023 年 4 月第 1 版 2023 年 4 月第 1 次印刷
书 号 ISBN 978-7-5178-5198-1
定 价 58.00 元

前言

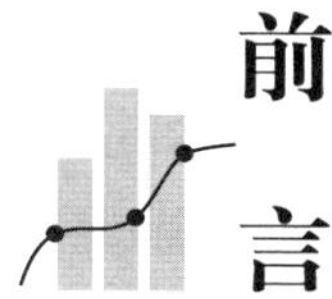

本书收录了笔者2016年3月至2021年末撰写的主要文章，计38篇，约23万字。这些文章中，除一篇为回忆录外，其余均为针对现实中的热点、难点问题的应用性、对策性研究文章。其中，多数文章以“社情民意信息”形式通过多种渠道上报给政府有关部门。这些文章中，有5篇获得省政府领导的重视与批示，有4篇入选由中国社科院主持的全国性学术研讨会。

本书的内容，除了涉及地方金融机构发展、普惠金融与民企融资、金融调控与管理等外，还涉及经济改革与实践中的其他热点难点问题。

本书之所以定名《地方金融发展求真》，是因为：一则，本书中与地方金融发展相关的文章占了全书篇幅的“大头”；二则，我供职于浙江金融职业学院的浙江地方金融发展研究中心，前几年出版了论文集《地方金融发展研究》《地方金融发展探索》，从而，这第3本论文集便顺理成章地定名为《地方金融发展求真》。

本书的基本特点可以归纳为一个字,“实”。首先是尊重实践,奉实践为“检验真理的唯一标准”。虽然也尊重权威，但是不迷信、不盲从。其次是注重实证。文章资料翔实，主要观点均有数据支撑。正因为“实”，所以逻辑较为严密，鲜有强词夺理与教条式说教；同时也不乏新颖独特之见解。比如，有多篇文章深入研究民营企业尤其是小微企业的融资难融资贵问题，有3篇文章专门研究浙江村镇银行的健康发展问题，这些研究既有独创性又有良好的操作性。又如，笔者一直关注缩小社会贫富差距、实现“共同富裕”这一问题，本书中有多篇文章涉及这个问题。有的从理论层次上（《资本论》研究）提出政策建议，有的从改善宏观调控角度提出建议，并且还推荐了一个“金融精准扶贫”的范例。再如，《“习近平总书记重要讲话”的政治经济学解读》一文，通过完整全面地理解《共产党宣言》，有力地说明民营企业确实是“自己人”，是社会主义市场经济的必要组成部分。该文不但入选全国性学术研讨会，还被编为入选论文的首篇。

本书的出版，得到浙江金融职业学院的大力支持与资助，笔者在此衷心感谢！

最后，鉴于笔者年已八秩，精力不济，因而，本书的不足、谬误之处在所难免。欢迎广大同人不吝赐教、批评指正！

应宜逊

2022 年 2 月 28 日

目录

2016年

2017年

2018年

2019 年

2020 年

2021 年

2016年

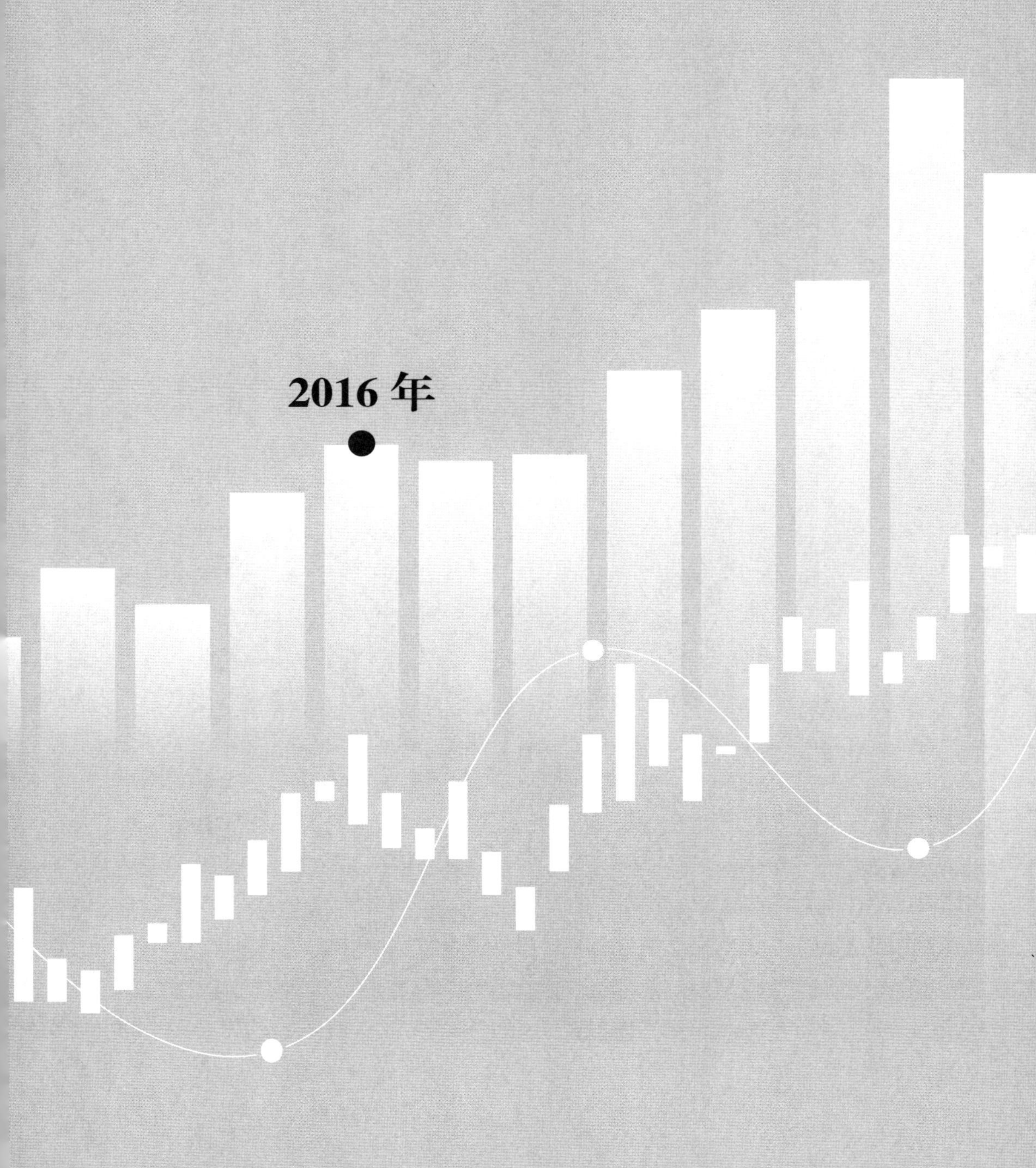

关于促进落实“四个最严”的两条建议

“四个最严”，就是“最严谨的标准、最严格的监管、最严厉的处罚、最严肃的问责”。这是去年（2015）5 月 29 日习近平总书记在政治局集体学习中提出的对食品药品安全的要求。此后，各地有关部门都在食品安全方面进行了努力，并且取得了一定成效。但是，累积的问题太多，目前的食品安全形势依然严峻。日前，习近平总书记对食品安全工作作出重要指示，强调牢固树立以人民为中心的发展观念，落实“四个最严”的要求，切实保障人民群众“舌尖上的安全”。为落实“四个最严”，还有许多工作要做，笔者在此提出两条建议。

第一条建议，各级有关部门尤其地方政府，应当充分认识，落实“四个最严”不仅是有关人民健康、社会稳定的民生工程、民心工程，而且还包含着重要的经济增长点。

这在当前经济增长速度下行之时，意义十分重大，并且，哪个地区落实工作做得快、做得好，哪个地区就先得益、得益大。之所以这么说，是因为其中包含着重要的经济增长点，主要依据如下。

首先，落实“四个最严”，能够有力地促进餐饮业的发展，进而促进经济社会多方面的发展，包括增加就业。目前，由于公众顾虑食品安全，以致餐饮业的发展远未到位。比如，同样属于“筷子文化”的泰国，人均GDP5370美元（2014），比我国少2000美元，但是由于食品安全方面做得好，尤其是不弄虚作假，因而居民，尤其是城镇居民，基本上都在外面就餐，很少自己做饭。而我国则不然，由于担心地沟油、不良添加剂、劣质食材等等，城镇居民还是更多地选择自己“买、汰、烧”。显然，如果食品安全水平提高了，那么，去外面就餐的人数就会大大增加，餐饮业将会有长足的发展。而且，人们将会有更多的闲暇时间，可以从事生产、学习、研究等等，也就是，还可以从更多的方面促进经济发展成长。同时，由于餐饮业是劳动密集型行业，因此还能够有效促进社会就业。

其次，落实“四个最严”，十分有助于夺回因食品安全问题而失去的国内外市场。前一阵，由于三聚氰胺、农药残留、不良添加剂等问题，我国生产的食品失去了大片国内外市场。比如婴幼儿奶粉，目前，只要有一点经济实力的家庭，都首选进口奶粉。又如，许多出口食品的声誉大跌，甚至几乎沦为“有毒食品”的代名词。怎样才能够夺回失去的市场？只能是“哪里跌倒哪里爬起”，通过坚持不懈地提升食品安全，才能扭转声誉，重新获得消费者的信任。

再次，这是信用经济建设的重要组成部分。落实“四个最严”，需要大力遏制、消除食品安全方面的各种弄虚作假行为，这实质上是信用经济建设的重要组成部分。哪个地区“四个最严”落实得快、落实得好，便意味着信用经济建设领先了。信用经济建设的领先，肯定会促进当地经济的竞争力提升与快速成长。在信用经济下，良好的信用记录是一个人在社会中正常生活的基础，一旦有了不良信用记录，他就会被边缘化。因此，弄虚作假的成本非常高，人们都不敢轻易拿自己的信用开玩笑。进而，社会生活中诚信程度高，和谐程度也高，市场交易成本则更是能够大大降低。迈向信用经济，正是我国经济发展的重要战略方向之一。

第二条建议，应当广泛发动人民群众，形成完善的社会监督机制。

在落实“四个最严”中，制定“最严谨的标准”还相对容易一些，而要落实其他三个“最严”并将“标准”变成现实，困难就大得多了。毫无疑问，食品安全执法部门要严格执法，切实加大检查与处罚力度。但是，仅仅如此是远远不够的，还需要采取多方面的措施。其中十分重要的一项就是，要广泛发动包括消费者、食品生产者（包括餐饮业和食品制造业）、食材生产者在内的人民群众，进而形成完善有力的群众性的社会监督机制，基本要点如下。

一、把握监管重点，明确监管目标

当前，社会监督的重点当然是食品生产者。他们既直接面对消费者，又密切联系食材生产者；他们是专业人士，掌握的食品知识最多，拥有的食品行业信息量最大，也最容易出问题。然而，监督的目标不能停留在把他们"管住"上，而应当使广大食品生产者由潜在的违法者、食品安全的破坏者，转变为现实中的食品违法行为的揭露者、食品安全的维护者。做到了这一点，我们就成功了！

二、形成"两高"利益导向

食品生产者是逐利的，为了实现前述监管目标，需要设计"利益导向"制度，使得食品生产者因为风险太大、代价与可能发生的损失太大，而不敢贸然去触犯食品安全法规；又由于经济收益很大，而乐于去揭发违反食品安全法规的行为。其中，最重要的就是"两高"的利益导向。

"两高"是指对违法行为的处罚严厉，违法成本极高；揭露违法行为的奖励多，经济收益高。对违法行为实行"最严厉的处罚"，首先是高额的罚款，同时再根据违法情节追加其他处罚，如警告、停业整顿、吊销执照、行业禁入、刑事处罚等等。罚款的相当部分甚至大部分，则作为奖金，奖励违法行为的揭露者。"两高"，不但要"高"到消费者有积极性去揭露食品生产者的违法违规行为，而且要"高"到食品生产者不敢使用劣质食材与违法添加剂，并且还有足够的积极性去揭露同业中的违法行为与劣质食材的生产者；进而，使得食材生产者不敢违法违规使用农药、激素及出售病、死动物及其他劣质食材，等等。

三、广泛深入地开展宣讲活动

要通过广泛深入的宣传、讲解，使得食品生产者以及尽可能多的消费者，了解有关食品安全的法律法规、标准、处罚与激励办法等等。

四、招募、建立有“战斗力”的食品安全监督志愿者队伍

志愿者是食品安全监管部门的得力助手，是联系监管部门与人民群众的桥梁，是群众性社会监督中的骨干。在落实“四个最严”中，一支有“战斗力”的志愿者队伍是不可缺少的。要招募一批素质与服务精神俱佳的志愿者，并且给予培训，使他们熟悉食品安全的有关法律法规及其他相关办法，以让他们真正发挥在群众性社会监督中的骨干作用。对于优秀的志愿者，应当予以表彰、奖励。

（此文于 2016 年 3 月 14 日获得时任浙江省常务副省长袁家军批示）

当前资本市场的发展重点应当是基础性市场

近两年来，资本市场的发展力度不可谓不小。又是开放融资融券，又是开放社保基金入市，又是引入熔断机制，还要在 A 股实行注册制，等等。但是，所有这些，都是在沪深高端市场做文章，而实际效果则欠佳，无法令人恭维。其实，根据实际国情，当前应当把发展重点放在基础性市场。

所谓“发展重点放在基础性市场”，主要就是：

一、真正开放一级市场

任何企业与个人，都可以依法组建股份有限公司，并且向社会募股。需要募股的公司，经会计师事务所、律师事务所审核签字后，找到一家愿意代理发行的券商，由券商代理向证监部门注册，然后代理发行股票。如果在规定期限内募集到必需的资金，发行就成功了；否则，就失败了。发行失败的经济损失由募股的公司与代理的券商承担。

二、开放基础性二级市场

发行成功后，股票首先在代理发行的券商那里挂牌交易。要允许中心城市组建以当地券商为会员的会员制柜台交易市场。在券商那里挂牌交易的股票，期满一年并且表现良好者，可以由券商推荐，进入柜台交易市场交易。在柜台交易市场交易、时间超过一年的、表现优秀的股票，可以由柜台交易市场向沪深主二板市场推荐。由沪深主二板市场审核后择优“录用”。沪深主二板市场中，表现不佳、达到退市门槛的股票，也可以按此渠道逐级下退。当前，发展基础性资本市场十分重要、十分必要。

三、这是完善我国资本市场的必需措施、必由之路

到目前为止，我国的资本市场还只有高端市场，而没有基础性市场，这是不正常的。这种情况若不改变，我国的资本市场是不可能真正地完善起来并且健康发展的。对此，已经有许多学者、专家做过充分的论证。在当前经济增速下行、改革呼声嘹亮之时，应当不失时机地推进此项改革，尽快造就“金字塔式”资本市场。

四、这是“去杠杆”的需要

当前，为“去杠杆”，迫切需要有完善的金字塔式资本市场。

我国企业的杠杆率偏高。经济学家李扬指出，我国非金融企业的杠杆率，2009年前平稳，2009年以后快速上升，2008年为98%，2014年达到149%；国际比较显示，在所有参与比较的国家中我国最高。如何降下来？这就需要大力发展股权融资。实践已经表明，仅仅依靠高端资本市场是远远不够的，还需要有完善、广阔的基础性资本市场。

我国的金融杠杆率更是偏高。目前，我国的GDP约为美国的60%，但是M2（广义货币供应量）已达美国的两倍多。这是不可持续的。如何降下来？这就需要有一个开放、完善的金字塔式资本市场，使得直接融资占社会融资的比重能够大幅度提高。

五、这是促进技术创新的迫切需要

为了促进技术创新，政府应当做的事情中，最重要的有两项：一是保护知识产权；二是建立顺畅的风险投资退出渠道。完善的基础性资本市场，就是风险投资得以顺畅退出的必要条件。

六、这对于民营中小企业利用资本市场融资，是大大的利好

民营中小企业，囿于规模和其他条件，要想到高端资本市场去融资是十分困难的；发展了基础性资本市场后，就容易多了。尤其是，“孙大午”们有了“正门”，不必再去“非法集资”了。

七、这是促进“普惠金融”发展的需要

发展“普惠金融”，使得金融更好地服务小微企业、个体经营户、农户等等金融“弱势阶层”，是当前我国金融工作的一大任务。由于开放基础性资本市场后，直接融资将会有很大的发展，特别是大规模的企业中，相当大的部分将主要依靠资本市场融资。这就会迫使银行信贷资金“向下走”，更多地进入小微企业、个体经营户、农户，有力地促进“普惠金融”的发展。这是一种“市场强制”机制，比道义劝说、政策引导、监管施压更管用、有效，“成本”也更低。

对“十三五”期间浙江省地方金融业发展的若干建议

本文对“十三五”期间浙江省地方金融业的发展提出若干建议。

一、要努力补齐金融服务“短板”

目前，我国经济进入了“新常态”，增长速度呈现L形走势，调整结构、加速技术创新成为主要任务。同时，从M2、社会融资规模的存量与增量看，货币政策是宽松的，社会上并不缺少资金。在此情况下，金融支持实体经济，应当侧重于补齐服务“短板”，地方金融业则更应当如此。这样，才能收获良好效果。

当前，金融服务“短板”主要存在于风险投资和普惠金融领域。

众所周知，金融支持创业、创新，主要得依靠风险投资，而不是“常规”金融。目前我国的风险投资的发育还处于“幼稚”阶段,远远不足以支撑创业、创新的快速发展，必须努力引导社会资金进入风投领域。

虽然，国家在几年前就提出要大力发展普惠金融，并且也有明显成效，但是，此项任务的工作量与难度颇大，不可能一蹴而就，因而，目前仍然还是“短板”。尤其是规模以下小企业和个体工商户，能够从正规银行渠道获得贷款的比例不到10%,比农户还低得多。当然,对农户的金融服务也不够充分，尤其是偏僻的贫困山区。如何让金融参与“精准扶贫”，也需要探索。

加速发展风险投资的基本措施有二：一是严格保护知识产权。只有知识产权受到严格的保护，抄袭、剽窃者受到严厉惩罚，技术创新者的利益得到切实保障，人们才会积极地去从事技术创新；进而，对风险投资的需求才会急剧上升。二是通过发展基础性股票市场，造就多层次、金字塔式股票市场，进而使风险投资有顺畅的退出渠道。风险投资的成功率很低，从而必须有顺畅的、能够使成功项目的价值、收益充分“释放”的退出渠道，进而使得风险投资公司获得良好的总体收益。唯有如此，社会资金才可能大量进入风投领域。顺畅的退出渠道，离不开完善的股票市场，不仅要有顶端市场，而且要有完善的基础性市场。上述两项措施中，第一项，省内基本上能够做。可以运用国家已有的法律与省内的立法权，加上严格执法，营造国内领先的知识产权保护环境。第二项就难了，目前，省内只能最大限度地“用足”政策，同时积极向中央争取政策。

地方金融业由于土生土长，机构规模又较小，十分适合“进军”普惠金融。因此，应当要求、指导它们更深入地为各类小客户服务。况且，目前由于大中型企业的资金需求有所萎缩，整体上，金融资金趋向“下行”，因而，更深入地为小客户服务，也符合地方性小金融机构自身的利益。比如，长兴联合村镇银行，开展村居化营销近两年，效果显著，存款快速增长，已经“过关”、自给有余，2016 年一季度末余额已达 37.34 亿元。

二、要进一步提升地方性银行机构的活力

地方性银行机构是地方金融业中的“大头”。浙江省的地方性银行机构的发展水平属于国内前列，规模占比、机构绩效等等，都是较好的。“十三五”期间，应当进一步增强活力。主要举措如下。

1. 农村合作金融机构方面

（1）要坚持性质定位不动摇。不论叫农信社、农村合作银行，还是叫农村商业银行，其实际性质始终是“政策性金融＋商业性金融”，管理、发展都要坚持这一性质定位不动摇。

（2）继续努力选配优秀的主要经营者。实践表明，办好农村合作金融机构的关键在于选配优秀的经营者，今后要继续这样做。要选择熟悉农村金融的、朝气蓬勃、积极进取者担任“一把手”。要注意，要避免套用选拔行政官员的办法，并且，对于精力仍然充沛的公认的优秀经营者，不宜55岁“一刀切”地退下来。

（3）保留并办好省联社。基于农村合作金融机构的性质，拥有“管理”与“服务”等两大职能的省联社还是需要的。“管理”的中心环节是抓好“人头”与市场定位。“服务”要进一步强化，要努力确保全省农村合作金融机构的“操作技术手段的先进性”，要寓管理于服务之中。办好省联社的关键也在于“班子”，应当选拔服务意识强、能够积极进取又熟悉农村金融者担任“一把手”；可以考虑“突破”行政级别，从优秀的下属法人机构经营者中遴选“一把手”。

（4）要采取多种措施，增强农村金融的竞争，以促进农村合作金融机构的活力，尤其是在竞争不足的欠发达地区。

2. 城市商业银行方面

（1）杭州银行和宁波银行，规模较大，管控能力与技术开发能力均较强，要支持其向外地拓展，同时要求其发展“差异化经营”“深耕本土”，设立一些小微专营支行。

（2）台州银行和泰隆银行，有完善、先进的企业信贷文化，并始终坚持服务小微企业的市场定位，竞争力、管控力均甚强，应当积极支持、鼓励其发展，使其早日成为中国的富国银行。稠州银行和民泰银行，虽然活力不如前二行，但也基本上接近、雷同，可以适度比照处理。

（3）温州、绍兴、金华、嘉兴、湖州、通商、东海等银行（还有民商），规模不大或较小，活力又一般，“外出”的竞争力欠佳；但是，在“本土”仍然有一定优势。从而，应当指导、鼓励其“深耕本土”、面向小微企业。这条路仍然是大有可为的。比如湖州银行，已经取得初步成绩，开发出房票贷、快捷贷、更新贷、婚庆贷等多种有价值的产品，还与微众银行合作发放“微粒贷”；2015年末，户均贷款仅113万元，不良率1.26%，拨备覆盖率270%，净利润2.19亿元。

（4）网商银行，是真正的互联网银行，发展势头很好，应当支持、鼓励其发展，同时也要引导其适当调低贷款利率。

3. 村镇银行方面

浙江省拥有一批优秀主发起银行和村镇银行，当前主要的问题是优劣分化，总体实力偏弱，多数地区尚未能与农村合作金融机构形成有效竞争。主要举措建议如下。

（1）指导、鼓励村镇银行深耕本土，深入开展村居化营销。

（2）支持、鼓励活力欠佳的村镇银行更换主发起银行。

（3）充分利用允许“一行多县”和“一县多行”的新政策，发展一批活力较强、“支农支小”坚定的机构。

（4）积极向上争取政策，允许在村镇银行层次上向民间金融资本开放市场，以造就一批“草根银行”。

三、支持、鼓励、推广来自“基层”的金融创新

浙江省自下而上的金融创新一直相当活跃。最优秀的成果有三：以台州银行、泰隆银行为代表的小微信贷；阿里金融，如网贷、余额宝等；丽水农村金融改革。毫无疑问，应当大力支持、鼓励、推广创新成果；同时，要注意下列问题。

（1）关怀自发的合作金融组织。真正的合作金融是农村金融发展的重要方向。当今发达国家农村，均有发达的合作金融机构。我国出于历史文化等多种原因，合作金融发展步履维艰。“农村资金互助社”出台已经 9 年，但是全国还只有 49 家。目前，浙江省农村存在一些自发的合作金融组织，比如，三门的“粮食基金会”、玉环的九山农村资金互助社等等。对于这些组织，应当多加关怀，指导、帮助其“规范”，使其早日获得“名分”。

（2）借鉴、推广“丽水经验”时，应当注意把握实质、弘扬“丽水精神”。丽水农村金融改革的具体成果主要是“三大亮点”（财产资本化、完善农村基本的金融服务、建设农村信用体系）以及可作为金融“精准扶贫”范例的政银保贷款。“丽水经验”的实质是：它是政策性金融新的实现形式，即由地方

政府直接出面牵头并出资，搭建金融服务平台。丽水农村金融改革的不凡成绩，源自“丽水精神”，即市政府竭诚为“三农”服务的实干精神。因此，各地在借鉴“丽水经验”时，首先应当把握实质、弘扬“丽水精神”。

（3）要注意识别“伪创新”。当前，金融领域中“创新”口号响亮，尤其是打着“互联网＋”旗号的种种“创新”。其实，其中一部分是“伪创新”，是变相办银行、非法吸收公众存款、非法集资，个别甚至是“庞氏骗局”。对此，地方当局应当注意识别，以保护公众利益、维护社会稳定。

四、为进一步营造良好的金融经营环境，要努力建设信用经济

信用经济是高级、成熟的市场经济形式。在信用经济下，一个人一旦有了不良信用记录，就会被社会“边缘化”，因此，弄虚作假的成本非常高。进而，社会交易成本大大下降。只有进入了信用经济，P2P 才有可能仅仅是信息中介（否则，只能是信贷中介、变相办银行，少数甚至是“非法集资”、欺诈）；线下客户才有可能大量去线上贷款；等等。建设信用经济，不但是从根本上改善社会信用环境、促进地方金融业健康发展的重要措施，更是促进国民经济健康发展的重要战略措施。浙江省是全国体制改革的先行省，在建设信用经济中，也应当先行。限于篇幅，具体措施就免了。

（此文于 2016 年 7 月 18 日获得时任浙江省副省长朱从玖批示）

当前民间投资增速下滑的判断与应对

一、情况判断

当前，民间投资增速不断下滑。今年 1—4 月，在全国固定资产投资（132678 亿元）增长 10.5%、国有投资增长 23.3% 的情况下，民间投资（82393 亿元）仅增长 5.2%，相当于 2015 年全年增速 10.1% 的一半，并且比 1—3 月又下滑 0.5 个百分点。其中，东部地区 40763 亿元，增长 7.7%，比 1—3 月下滑 0.2 个百分点；中部地区 24036 亿元，增长 6.8%，比 1—3 月下滑 0.3 个百分点；东北地区 2724 亿元，下降 23.1%，比 1—3 月多降 6 个百分点。

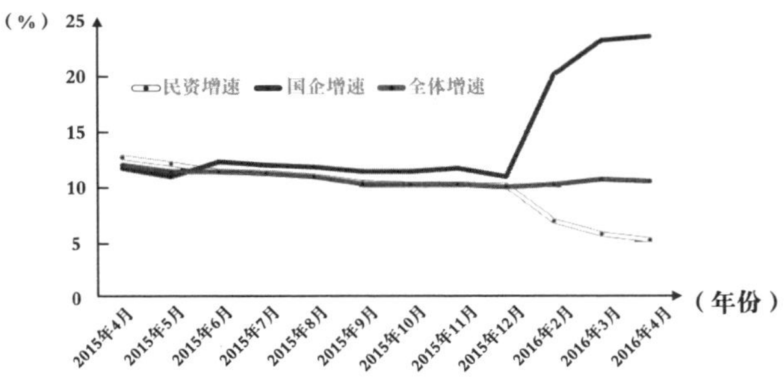

全国固定资产投资增速

从上述数字看，形势无疑是严峻的，对“稳增长”相当不利，因而引起了国务院的高度重视。仔细分析，总体上看，这种情况还是与我国经济所处的阶段，“新常态”“结构调整期”“经济转型期”，相吻合的。

一则，民间投资是追求利润回报的，主要投向制造业与房地产。目前，这两者的形势均不好。制造业产能过剩，市场饱和，利润变薄；房地产除了一线城市和少数二线城市外，普遍库存积压、销售不景气。从而，民间投资增速回落是势所必然的。

二则，民间投资增速回落有助于投资率的回落，实际上也是结构调整的组成部分。近 10 多年来，由于连年的投资扩张，最终消费率由 2000 年的 63.7% 下降为 2014 年的 51.4%。显然，这种投资率过高的结构是很不合理的，是迫切需要调整的。

三则，已涌现一批“亮点”。比如，东部依然是“火车头”。东部不但民间投资总量大，占了全国的 49.5%，而且增速也居首位，这意味着东部仍然是“火车头”，这是值得庆幸的。又如，民间投资的投向，也开始了“结构调整”。民营经济大省浙江的民间投资已经开始离开房地产，转向服务业，今年一季度，对房地产的投资 1457 亿元，同比下降 1.7%，而对服务业的投资 3665 亿元，同比增长 14.1%。民间投资惨跌的陕西，也存在结构调整的“亮点”。该省的民间投资，2014 年为 21.1%，2015 年为 7.5%，今年 1—2 月为 – 7.8%，但是，“下行”是由于陕北能源化工的产能过剩影响，新亮点还是明显的，2015 年，邮政业投资 380%，废弃资源综合利用业投资 89.9%，通用设备制造业投资 55.6%，专用设备制造业投资 39%，计算机设备等 34.8%。再如，已有个别省份基本稳住了民间投资。四川省，3 月民间投资 5.9%，4 月 8%，增幅最大的行业是信息传输、软件和信息技术服务，137.7%。江苏省的民间投资仍保持两位数增长，在批发零售、住宿餐饮等服务业，民间投资占比超过 80%，租赁和商务服务业民间投资增速超过 20%。

另外，当前的民间投资形势也反映出我国经济运行中存在的一些重大隐忧。

一是西部依靠东部产业“向后转移”的空间窄了。西部民间投资增速急剧下滑，2014 年末 20.3%，2015 年 2 月便只有 11.4%，全年只有 3.9%，今年 1—4 月只有 2.9% 了。这种速度“跳水”，除了由于煤炭过剩外，更主要的便是“后发优势”的逐年消退。比如贵州省某专家指出，“2012 年在地方招商中发现有很多企业开始缩减投资，因为产品卖不出去；到 2013 年、2014 年，就越来越没有动力投资了，形成了恶性循环”。

二是从一个侧面又一次反映出东北地区经济形势之严峻。民间投资数量不但少，还在急剧萎缩，根源是那里的观念、体制太落后了。

三是可能引致资本外流。目前，我国的资本流动已经相当自由，因而，民间投资在国内找不到好的出路时，便会转向国外的产业、物业。2015 年，仅在美国购买房地产的我国民间投资就有 286 亿美元，折合人民币 1800 亿元左右。因此，如果目前的态势继续发展，那么引发较大规模的资本外流，并非危言耸听。

四是出现“挤出效应”，进而在一定程度上劣化了“结构”。今年以来，国有投资突然发力，有没有“挤出效应”？有，还相当明显。最明显的表现是第三产业投资。2013—2015 年，民间与政府的第三产业投资增速差异不大，且均持续下行。2016 年，政府三产投资直线攀升，民间三产投资断崖式下滑。1—4 月，增速裂口已由 2015 年底的 2.7% 扩大到 19.8%。同时，还表现在信贷上。今年 1—4 月，由于政府投资扩张，因此信贷增长的很大部分是投向政府融资平台，银行普遍把此类贷款看作安全、收益高的优质贷款，趋之若鹜。一些银行，还由于对不良贷款的考核从紧，使得信贷人员对民企放贷时过于谨慎，出现“惜贷”现象。政府投资的大发力，不仅产生“挤出效应”，造成民间投资增速、占比下降，还促成信贷扩张、去“去杠杆”及一些停产钢企复活、去“去产能”。总之，“结构”有一定程度的劣化。

二、应对思路

1. 需要厘清宏观调控的指导思想

当前,宏观调控的指导思想上存在两个缺憾：一是不够尊重客观经济规律，往往凭主观意志行事；二是过分地追求即期经济增速，使得“稳增长”实际上变成“保增长”。今年一季度的国有投资及信贷增长大发力，就是在上述倾向指导下发生的。表面看,似乎出现“开门红”“小阳春”,实际上,使得“结构”有所劣化,对经济的长远健康发展的影响是负面的。我国目前处于结构调整期、经济转型期,一切措施都要围绕着有助于消除“三大症结”(产能过剩、贫富差距过大、环境污染严重)、实现国民经济的“内涵集约”发展来安排。至于速度,应当客观,不要强求。当年,1981 年实施“调整、整顿、巩固、提高”方针时,速度指标是“保四争五”。目前,各方面的条件都比当年好得多,承受能力要强得多,为什么非得 7% 左右呢?

2. 放宽政策,给民间资本以更大的舞台

首先,要完全落实“新 36 条”,尤其是在村镇银行层次上开放市场。其次,应当确认,在一切商业性领域、竞争性领域,都要允许成立以民间资本为主导的“混合所有制”企业。

3. 关于“创业、创新”

毫无疑问,民间资本是创业和技术创新的主力。政府为促进“创业、创新”,首先应当做的不是其他,而是两件事:一是严格保护知识产权,让发明、创新者的权益不受侵犯,让抄袭、剽窃者受到严厉惩罚;二是建立顺畅的风险投资退出渠道,使得风投健康快速发展。其次,应当鼓励支持民企引进国外先进技术。由于我国与发达国家的技术差距还颇大,因而“引进”仍然是大有可为的。

4. 通过实施缩小贫富差距等措施,提升消费率

扩展民间投资的市场空间,除放宽政策外,存在两条基本通道:一是增加新技术供给,以产生有竞争力的新供给;二是扩大消费,横向拓宽市场。由于我国目前的消费率严重偏低,因而后一条路也是大有可为的。应当通过实施缩小社会贫富差距等一系列综合措施,大幅度提升社会消费率。应当争取在“十三五”期间,使社会消费率回升 5—6 个百分点,达到 57% 以上;在“十四五”期间再上升 5—6 个百分点,回到 21 世纪初水平。

5. 从严审批国有部门的投资项目

尤其是要改变以扩张政府投资来“稳增长”的做法，因为这种做法是有悖于“结构调整”与转型的要求的。应当看到，政府投资往往是低效率、低效益的，不是竞争性领域的最佳选择；应当看到，目前的投资率严重偏高，需要逐步调降下来。应当将财政资金更多地投向民生、投向“二次分配”。

6. 当前要正确发挥金融的作用

首先，目前迫切需要开放、发展基础性证券市场，造就金字塔式的多层次资本市场。这是建立顺畅的风险投资退出渠道绝对必需的措施，同时，还是实现企业“去杠杆”的重要措施。其次，继续大力发展普惠金融。再次，要通过严格管控政府融资平台，进而控制政府投资。目前，各级政府的投资冲动均很强烈，而许多政府项目不是效益欠佳，就是太超前。

（此文刊载于 2016 年 6 月 10 日《改革内参》）

宏观调控理论演进历程简述

一、引言

宏观调控，就是市场经济国家对国民经济的宏观管理，或者说国家干预。其根本目标是促进国民经济健康发展，也就是，社会总产出能力能够充分实现并且较快上升。为此，首要任务是熨平经济的周期性波动。

计划经济国家不存在宏观调控，因为，全国就是一个“大公司”，有了问题，只需要调整计划就可以了。转轨中国家则随着市场经济的发展，有独立利益的经济主体的成长，宏观调控任务也相应增长。

在市场经济国家中，宏观调控也不是生来就有的，而是随经济发展，“市场失灵”出现，催生出来的，逐步发展完善的。

宏观调控理论源自实践，用之于实践。总供给与总需求是其关注的核心。总供给就是社会实际总产出，大体上就是 GNP（国民生产总值）。总需求就是社会总消费加投资。在市场经济条件下，两者总是相等的，通常所谓总需求大于或小于总供给，实际上是指总需求大于或小于社会总产出能力，即生产可能边界。总供给的大小，受制于两个因素：一是生产可能边界，这是不可能超越的硬约束；二是总需求。总需求偏小，就会使总供给达不到生产可能边界，使部分社会生产能力放空。总需求过大，超越实现生产可能边界的需要，则不仅不会使总供给增加，反而会引致通胀，而通胀会损害经济秩序并阻滞技术创新，使得生产可能边界提升停滞。因此，通过宏观调控，使得总需求既不偏小，又不过大，恰到好处。

最早具有总供给、总需求意识的是法国经济学家萨伊，他的萨伊定律可以看作是宏观调控理论的起始点。从萨伊定律算起，目前已进入第六阶段。下文中，将罗列这六个阶段中的在调控实践中发挥重要作用的主要理论，并且侧重于揭示实质，以及相互之间的联系。

二、第一阶段：19 世纪初，萨伊定律，自由放任

1803 年，法国经济学家让·巴蒂斯特·萨伊认为，“供给创造出自己的需求”，也就是总需求恒等于总供给。这被称为萨伊定律。这是人们首次考察总供给与总需求问题，意义重大。

萨伊否认生产过剩的存在。他认为，商品买卖的实质是商品交换，货币只在刹那间起媒介作用。产品总是用产品来购买，买者同时也就是卖者，买卖完全是统一的。因此，商品的供给会为自己创造出需求。总供给与总需求必定是相等的。局部的供求不一致，也会由于价格机制的调节而达到均衡。也就是，萨伊认为，不存在“市场失灵”问题；进而，也就应当实行“自由放任”。

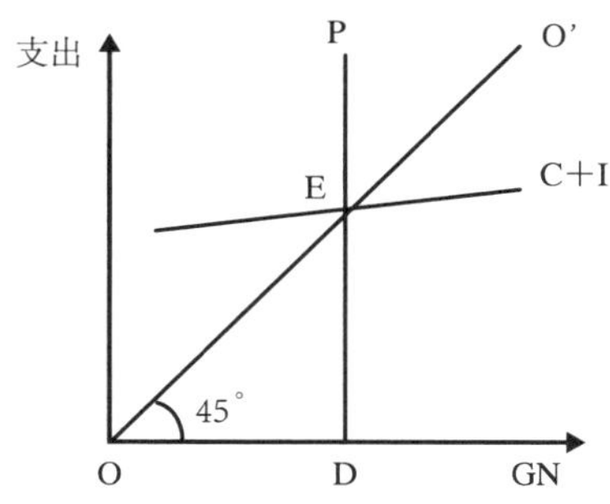

（注：PD 为生产可能边界；C ＋ I 为消费＋投资，即总需求；GN 是产出；OO’是支出等于产出的 45° 线；E 为均衡点）

图 1　萨伊模式：总需求恒等于总供给

对萨伊定律应当客观评价，它有正确之处，也存在谬误之处。正确之处：有效供给毕竟是第一性的，有效需求源自有效供给。谬误之处：总需求（消

费＋投资）不可能“自动”等于总供给（消费＋储蓄）的,而是有条件地相等，只有当投资 = 储蓄时，才会相等。

萨伊之所以产生上述谬误，主要是基于历史条件限制。当时，相对于手工生产有强大竞争优势的机械化大规模商品生产兴起（1784 年瓦特发明改良蒸汽机）还不久，市场远未饱和，尤其是殖民地远未瓜分完毕，距第一次资本主义经济危机（1825 年）也还有 20 多年。因此，不能苛求。

萨伊虽然未发现总需求与总供给可能背离，但他毕竟是第一个从总供给、总需求角度来考察经济问题的学者，其意义不能被低估。

三、第二阶段：19 世纪 60 年代，朱格拉发现了经济周期，马克思则揭示了“周期”出现的原因

1862 年，法国经济学家克里门特 · 朱格拉（1819—1905）在研究人口、结婚、出生、死亡等统计时，注意到经济事物存在着有规则的波动。他在《法国、英国及美国的商业危机及其周期》一书中指出,经济运行存在着长度为 8—11 年的与固定资产更新周期大致吻合的经济波动周期。这一周期，后来被经济学界称为中周期、主周期。朱格拉还指出，政治、战争、农业歉收、气候恶化等等，虽然会加剧经济波动，但不是引起经济波动的主要原因。

那么,“主要原因”是什么？这就有待于马克思来解答。

1867 年，卡尔 · 马克思（1818—1883）在《资本论》第一卷中指出，“主要原因”就是古典资本主义制度。在此制度下,劳动力商品以劳动力价值出售,进而，随着社会生产力的提高，便出现一系列后果：资本有机构成提高→社会贫富两极分化→消费相对不足→社会总需求不足→周期性经济危机。马克思将这一系列因果关系称为资本主义积累的一般规律。在此规律下，社会总需求始终有小于总供给的倾向（如图 2），累积到一定程度，就会爆发经济危机。

为什么 19 世纪 60 年代能够发现“问题”？因为，自 1825 年起，资本主义经济危机便周期性地发生。

为何当年发现了问题但未能解决？首先，由于“迫切性”不足。当时，世界市场尚未开拓完毕，危机能够通过海外扩张、殖民而轻易地化解。其次，马克思开出的“药方”——剥夺剥夺者——太超前，缺乏现实可能。用商品、

价值、货币消亡、进而剩余价值消亡的社会主义制度来取代资本主义制度，需要以极高的生产力水平为基础的。而要达到这样高的生产力水平，人类还需经过长期努力，即使在 150 年后的今天，都还远未达到，更不要说当时。

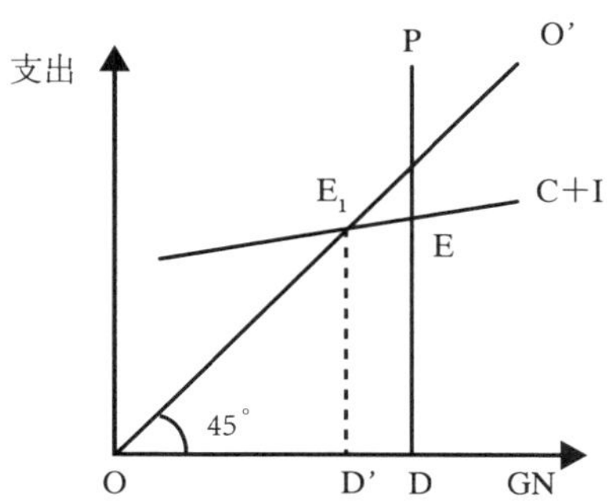

图 2　古典资本主义制度：总需求小于总供给

（注：PD 为生产可能边界；C ＋ I 为消费＋投资，即总需求；GN 是产出；OO' 是支出等于产出的 45° 线；E 为原来的均衡点，E_1 为新均衡点）

四、第三阶段：20 世纪 30 年代，罗斯福、凯恩斯分别从实践与理论上实现重大突破，初步熨平了古典资本主义经济周期

在“自由放任”的古典资本主义制度下，随着社会生产力的提高，周期性经济危机的烈度也越来越大，尤其是在殖民地、世界市场瓜分完毕之后，经济危机更是激烈。1929 年爆发的经济大危机，意味着在发达国家中，自由放任的古典资本主义制度，已经难以为继了。为应对经济危机，各发达国家纷纷进行改革，美国最为成功。

1933 年，富兰克林 · 罗斯福（1882—1945）当选美国总统，他实行了一系列大刀阔斧的改革，史称“罗斯福新政”。“罗斯福新政”用国家干预扩张需求，以应对经济危机。措施要点是：①整顿金融并设置严格监管，以防止金融投机“放大”实体经济的波动；②将货币发行权收归中央银行，并且“弱化”金本位，使得国家能够用货币杠杆支持财政扩张；③支持与扶植工会发展，以改善一次分配，同时通过财政杠杆强化二次分配，进而缩小贫富差距；④国家大量投资基础设施，直接提升需求、增加就业。

1936 年，英国经济学家约翰 · 凯恩斯（1883—1946）在“罗斯福新政”实施的基础上，出版了《就业、利息与货币通论》，从理论上倡导对经济实行

"国家干预"。其核心观点是,承认存在"非自愿失业",也即存在"市场失灵",需要国家干预来纠正。这对于传统的经济学观点——只是存在"自愿失业",市场能够解决一切——是根本性的颠覆。凯恩斯的观点被称为凯恩斯主义。

"二战"结束后,各发达国家普遍采用以凯恩斯主义为理论指导的国家干预政策。总体效果良好,不但没有再发生如同1929年大危机那样的经济危机,而且基本上没有再发生由于总需求不足而引致的经济危机。进而,凯恩斯主义国家干预,便成为发达市场经济国家宏观调控的基本措施。

罗斯福新政、凯恩斯主义为何能成功?这是因为,他们通过国家干预不但扩张了总需求,而且最终落实到调节社会公平、缩小贫富差距上,从而击中了古典资本主义制度的要害。在"罗斯福新政"以前,发达国家普遍实行"自由放任"的市场经济制度,政府仅扮演"守夜人"角色。经济中有两个特点值得注意。一是财政收入占GDP的比重不高,一般在10%左右;二是基尼系数随着经济发展而上升,呈现明显的"资本主义积累一般规律"。而当"二战"后,实行凯恩斯主义国家干预政策的发达国家,财政收入占GDP比重迅猛提高,一般都在30%以上,有的达到40%、50%以上,瑞典更是达到65%左右。大量的国民收入被财政集中起来用于再分配。基尼系数则明显下降,大多数发达国家控制在0.3—0.4的"中等程度不平等"范围,一些"福利国家"则低于0.3。

需要指出,如果国家干预、需求扩张最终没有落实到调节社会公平、缩小贫富差距上,那么,虽然会有一时之效果,但是,绝对不会有像"罗斯福新政"、凯恩斯主义那样的效果。

马克思在《资本论》中指出,古典资本主义制度的致命伤是"资本主义积累的一般规律",由于这一规律,古典资本主义制度将是不可持续的。"资本主义积累的一般规律"的根源何在?能不能矫正?"根源"就在于"劳动力商品按劳动力价格出售"。在马克思的价值模型中,任何商品的价值均包含C、V、M等三部分,唯独"劳动力价值"中仅包含"再生产这个劳动力所需要消耗的物质资料",也就是只有C,没有V和M。那么,V和M哪儿去了?当然是被交易中的对手——资本——无偿占有了。资本又是如何无偿侵占本应当属于劳动者的V和M的呢?资本是利用交易中的不平等地位,集中的需求PK分散的供给,实现以"垄断低价"购买劳动力商品。由此,资本便大量侵占劳动力商品中的 V 和 M。“劳动力价值”是“垄断低价的宏观下限”，从宏观看，如果低于此下限，则劳动力商品的再生产并不能维持，进而资本主义再生产也不能维持。一旦“矫正”了“垄断低价”，让劳动力商品中的 V 和 M 回归劳动者，那么，“资本主义积累的一般规律”就将失去源泉，进而势将不复存在。“罗斯福新政”与凯恩斯主义国家干预正是如此，通过造就强有力的工会，使得资本与劳动的交易格局演化为集中的需求 PK 集中的供给，原先的“垄断低价”便不复存在。再加上强有力的财政二次分配，劳动者便能够收回原先被无偿侵占的 V 和 M。进而，我们便看到，“二战”后，在发达市场经济国家里，基尼系数不再随着社会生产力的发展而上升，而且还有所下降，并稳定在相对合理的范围。这也就是说，“资本主义积累的一般规律”不再“清晰”了。这表明，在这些国家里，古典资本主义制度已经转型为现代市场经济，或者说，转变为带有明显的社会主义因素的现代资本主义制度。这在那些“福利国家”中，则表现得更为明显。这也就是说，罗斯福、凯恩斯初步解决了马克思所揭示的难题。也因此，凯恩斯被学术界誉为 20 世纪最伟大的经济学家。罗斯福则由于“新政”，加上他在“二战”中的贡献，在笔者的心目中，他是 20 世纪最伟大的政治家。

凯恩斯主义理论并非完美无缺。他仅仅是指出应当扩张需求，但是，扩张的“度”在哪里，没有给出。因而，就很容易发生扩张过度，进而引发通货膨胀，甚至滞胀。由于凯恩斯英年早逝，因而，“度”的问题只能留给后人。

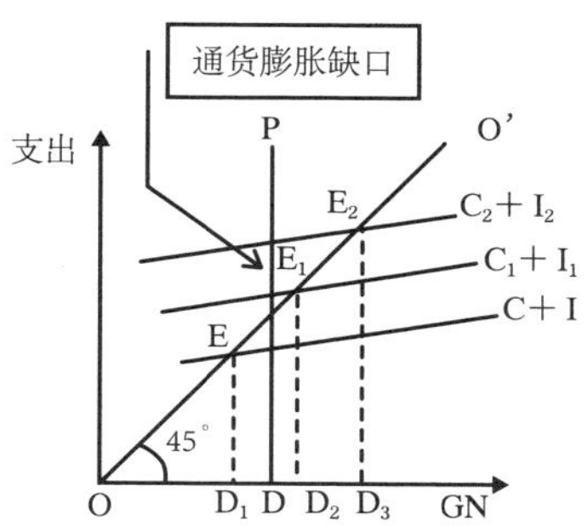

（注：图 3 示意当总需求 C ＋ I 扩张时，由于缺乏“度”的约束，因而容易过度，结果往往不是 C_1+I_1，而是 C_2+I_2，形成通货膨胀缺口）

图 3　凯恩斯主义国家干预后的需求扩张与扩张过度

五、第四阶段：20 世纪 60 年代，弗里德曼的货币主义，给出了需求扩张的“度”

“二战”后，在凯恩斯主义指导下，发达市场经济国家通常把宏观经济管理称为“需求管理”，调控的基本方向便是扩张需求。当时，货币政策的目标通常是多重的。最主要的有四项，即经济增长、稳定币值、充分就业、国际收支平衡。这些目标之间存在矛盾。政府从选票角度考虑，往往偏好于经济增长、充分就业，而忽略稳定币值。当需求扩张缺乏边界约束时，很容易扩张过度，引发通货膨胀。演示在图 3 上，便是当总需求从 C + I 开始扩张后，并不会一定停留在合理的 $C_1 + I_1$ 位置，而是往往会扩张到 $C_2 + I_2$ 位置，形成通货膨胀缺口。如果通货膨胀持续存在，还会导致“滞胀”。在 20 世纪六七十年代中，多数发达市场经济国家都在不同程度上出现了“滞胀”。其中以英国为最。70 年代中，英国的通胀率达到 13.4%，而 GDP 增长率仅为 1.5%，人称英国病。也因此，英国的经济总量排名下滑，落到法国、意大利之后。

1963 年，美国经济学家米尔顿・弗里德曼（1912—2006）提出“新货币数量论”，主张通过控制货币供给量，保持币值稳定，进而促进经济健康成长。为此，中央银行要增强独立性，货币政策不能再从属于财政政策，并实行单一政策目标——稳定币值。弗里德曼的上述观点被称为货币主义。

1979 年，撒切尔夫人当选英国首相，她采用以货币主义为核心的经济政策治理“英国病”，经过三年的痛苦调整，英国经济恢复活力。几年后，经济总量重新超过意大利、法国。撒切尔夫人也因此当政 11 年，成为“二战”后英国当政时间最长的首相。

货币主义的实质是给出了需求扩张的“度”，使得扩张后的总需求基本上与最大的生产可能边界吻合，避免了通货膨胀缺口的出现。演示在图 3 上，便是，货币主义能够使总需求停留在 $C_1 + I_1$，不再向 $C_2 + I_2$ 继续扩张。

20 世纪 80 年代后，货币主义逐步被各个发达市场经济国家所接受。货币政策成为与财政政策并列的调控杠杆，尤其是司职短期调节的主要杠杆。稳定币值，则成为唯一的政策目标。这样，便形成了以财政政策（主要是作用在收入分配上）营造经济基础环境，货币政策作即时、中短期调节的宏观调控格局。中央银行的独立性大大增强，地位大大提高。

六、第五阶段：20 世纪 70 年代，供给学派，调节社会储蓄率，以适应技术创新周期

20 世纪 70 年代，一批美国经济学家重新举起“供给创造出自己的需求”的萨伊定律。主张大幅度减税和弱化国家干预。他们被称为供给学派，他们的观点被称为供给经济学。

供给学派的理论，集中体现在 1974 年阿瑟·拉弗（1941—）所描绘的拉弗曲线上。该曲线示意，税率不能过高，否则，不但会抑制产出，而且财政收入也会下降。拉弗认为，当年美国的税率已经过高，处于“抑制”区间，必须大幅度减税。

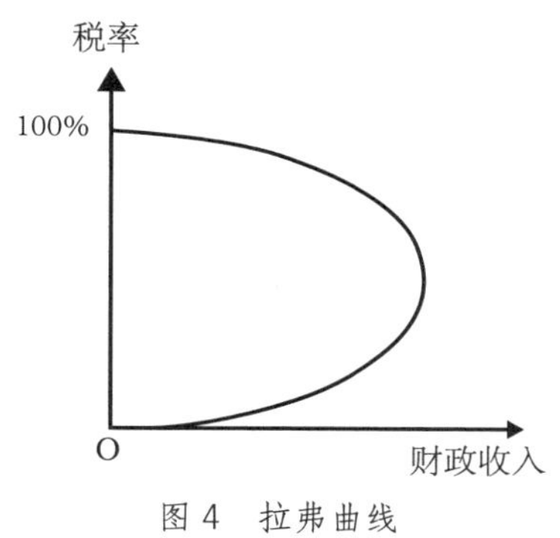

图 4　拉弗曲线

供给学派的问世不是偶然的，而是有着深刻的经济背景的。当时，“第三次浪潮”正在发生，信息技术革命引领的技术创新高潮到来，新技术供给量甚大，能够吸纳大量资金，而由于社会储蓄率较低，因而投资显得不足。为使大量的新技术供给迅速转变为现实生产力，就需要提高社会储蓄率。由于富人收入的储蓄倾向高，因而通过适度降低所得税率，使国民收入分配适度向富人倾斜，就能提高社会储蓄率，进而增加投资，促进国民经济健康快速发展。

1981 年，罗纳德·里根（1911—2004）当选美国总统。他采纳了供给学派的主张，构筑了以供给学派理论和货币主义为主要内容的“里根经济学”。将个人所得税的最高累进税率由 70% 降为 28%。这虽被一些人称为“劫贫济富”，但由于促进了美国经济的繁荣，使得各个经济阶层都受益，即使最底层

的穷人，收入也增长 6%。财政收入更是翻了倍。里根的经济政策促成了美国经济 20 年的繁荣。里根本人也成为美国历史上的伟大总统之一。

“减税”，不但被美国政府采纳，同时也扩散到其他经济发达国家。

供给学派的“减税”的实质是：财政的再分配力度应当随着技术创新周期做适当调整。当技术创新处于低潮时,应当加大财政再分配力度以促进消费；当技术创新处于高潮时,则应减弱财政再分配分配力度以促进储蓄。图 5 示意，当技术创新高潮到来时，“减税”的效果是促使 PD 加速向右侧移动，加速了社会生产力发展。

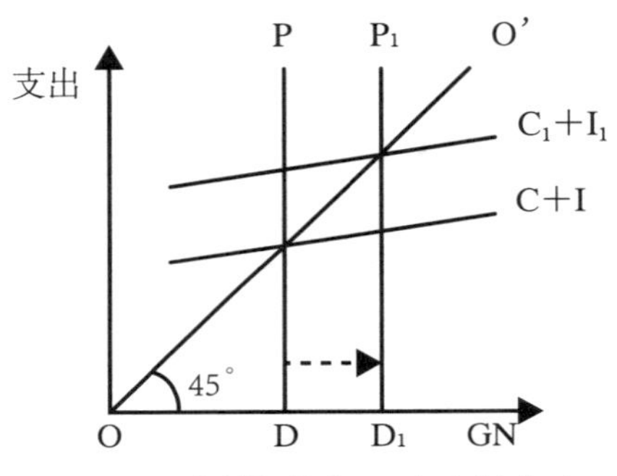

图 5 “减税”促使 PD 向右侧移动

七、次贷危机的发生与治理

21 世纪初，美国大量贷放时就被评为“次级”的贷款发生大面积违约，引发了金融危机，并进而扩散到全球，演变为全球性的经济危机。这次危机被简称为次贷危机。

2006 年，美国多年来一直上涨的房地产价格逆行下跌，次级房贷的违约率快速上升，房地产市场泡沫破裂，危机显露苗头。2007 年 4 月，美国第二大次贷机构新世纪金融公司倒闭，危机露出冰山一角。2007 年 8 月，次贷危机降临。2008 年 9 月，随着雷曼的破产，金融危机迅速扩展到全球，并进而引发全球性的经济衰退。衰退力度之大，仅次于 1929 年大危机。

次贷危机的实质是，政府用信贷资金福利化来扩张消费需求，造成了巨大的金融窟窿、金融泡沫。

美国之所以会爆发次贷危机,直接根源是,政府推动,华尔街做局,监管失察。

政府推动。在民主体制下，政府为了笼络选民，存在偏好扩张需求的倾向，虽然实施货币主义政策后，卡住了扩张的“度”，但是政府的这一偏好始终存在。美国政府找到了一条扩张需求的新路子，这就是信贷资金福利化。1992年，联邦政府提出“廉价住房目标”，要求房利美、房地美等两家住房信贷抵押担保公司加大对中低收入家庭和少数民族的贷款力度，并由财政“隐性担保”。1995 年，要求“两房”购买“次贷”。21 世纪初小布什当政后，更急剧加大了“购买”力度，仅 2003—2006 年就购买、担保“次贷”5150 亿美元。同时，在政府要求下，贷款公司还降低了首付比例，提高了月供占收入比例。甚至，一些无工作、无收入、无财产的“三无”人员也成为借款人。在联邦政府上述政策推动下，房地产价格连年上涨，消费需求过度扩张，危机爆发时，储蓄率竟然为 0。

华尔街做局。美国的投资银行将“次贷”与正常资产掺和在一起“证券化”，向全世界推销。美国的评级机构则以“次贷”有政府“兜底”为由，仍然给这些混有“次贷”的有“毒”金融产品较高的信用等级。

监管失察。美国的金融监管部门，不但对“次贷”的大量发生并进入金融市场交易缺乏足够的重视，更没有对风险做出预警。而且，监管部门还放宽了投资银行等机构的杠杆率限制，允许资本金在 50 亿美元以上的投资银行的杠杆率达到 40 倍。因此，2007 年，摩根士坦利、贝尔斯登为 34 倍，美林为 32 倍，雷曼为 30 倍，高盛为 28 倍；“两房”则达到 62.5 倍。

另外，美国的“次贷”之所以会在全球范围闯下大祸，还由于现存世界金融格局——美元具有“霸权”地位。美元是被全球普遍接受的、最重要的国际性货币，美国的大投行与评级机构也是最具国际权威的。因此，华尔街推出的混有“次贷”的带“毒”金融产品能够在全世界畅销。也因此，美国的储蓄率不足窟窿可以通过发行美国国债用其他国家的储蓄来填补。如中国、日本、中东产油国等等，均购买了大量美国国债。这样，就使得美国的金融、经济问题被暂时地掩盖，“窟窿”越积越大，直到爆发、形成全球性大危机。

从本质上说，次贷危机乃是错误的金融政策——信贷资金福利化——导致消费需求膨胀的危机。因而治理的基本方向，除了要整顿金融外，还要紧缩消费需求。由于美国是世界第一金融、经济大国，每一个举动都会对全球产生影响，同时，目前世界“全球化”程度已经相当高，因此，美国在选择措施时，不仅要考虑本国的需要，还必须考虑对全球的影响，如果对全球的不良影响过大，那么，也会反过来伤及美国经济。

美国治理的总体策略是“软着陆”，而不是当年撒切尔夫人那样的大刀阔斧。因为，如果一时间紧缩力度太大，会引致全球经济急剧衰退、危机加剧。这对美国、对全球都很不利。美国治理的基本措施是：第一，整顿金融秩序，严格监管，在让劣质机构出局的同时，又通过财政注资，保住一大批有关国计民生的大金融机构；第二，依靠完备的市场机制，让其发挥作用，抑制过旺的消费需求，促使社会储蓄率回升。第三，通过多次施行“量化宽松”政策，保持适度宽松的宏观环境，以稳定公众预期，并促进市场机制的正常运作。总体看，效果是不错的。治理，加上“能源革命”因素，以 2015 年 11 月美联储加息为标志，可以说，美国经济基本上走出了危机，如果没有跌幅达 75% 的石油价格暴跌，美国经济还会更好一些。

八、目前我国宏观调控中需要注意的理论问题

我国是从计划经济“渐进”地迈向市场经济的，改革之路尚未走完，市场经济制度还很不完善。因此，我国在借鉴发达市场经济国家的宏观调控理论与经验时，必须注意把握实质、结合国情，切忌生搬硬套、断章取义。

当前，我国经济存在三大症结：产能过剩、贫富差距过大、环境污染严重。妥善消除这三大症结，乃是当前宏观管理的基本任务。为此，下列理论问题必须重视。

1. 要正确认识凯恩斯主义

目前，在我国相当部分的人士眼里，凡是“财政赤字、扩张需求”的措施，统统都是凯恩斯主义。这是不正确的，会误导公众与政府的。必须认清，“财政赤字、扩张需求”不等于凯恩斯主义。

凯恩斯主义国家干预是治疗“资本主义积累的一般规律”的良药。它包含缺一不可的两个要点：一是财政赤字、扩张需求；二是扩张的需求最终要落实到缩小贫富差距上（必要措施是，扶植工会，增强劳动者在一次分配中的博弈

地位；将扩张后的财政支出的大头用于向弱势阶层倾斜的二次分配）。如果仅有前一要点而无后一要点，比如单纯扩张投资、发动战争等等，固然也可以一时地缓解总需求不足，但不可能治愈“资本主义积累的一般规律”，也不可能从根本上缓解需求不足。因而，这不属于凯恩斯主义国家干预的范畴。

我国改革开放后，主要是 1992 年后，在实现经济的快速成长的同时，贫富差距也急剧扩大了。世界银行曾经指出，中国在短短几年中，由贫富差距较小的国家转变为贫富差距较大的国家，这在世界经济发展史上是少有的。这也就是，“资本主义积累的一般规律”在我国还相当清晰。这表明，实际上，我国目前仍然停留在《资本论》所批判过的古典资本主义阶段。因而，我国目前是需要有真正的凯恩斯主义政策的。

2008 年秋，世界性金融、经济危机袭来，我国出台了“四万亿”来应对。这本来是治疗“资本主义积累的一般规律”的良机。可惜投入方向错了，基本上都用于扩张投资，而不是用于缩小贫富差距。结果，经济症结加深，尤其是产能过剩严重发生了，环境污染也更加严重了。

2.“供给侧改革”与“供给经济学”不是一回事

前文中已述，供给经济学是针对“新技术供给旺盛，而社会储蓄率偏低、投资不足”的经济状况（简言之，就是有新技术，缺少资金）提出来的。其基本政策诉求是“减税”，即通过降低所得税率，让收入分配适度向富人倾斜，以提高社会储蓄率，进而增加投资，促进新技术转化为现实生产力。

我国当前的“供给侧改革”是针对产能过剩、库存过高、新技术供给不足、产业升级不快等情况（核心是“有资金，缺新技术”）提出来的。因为这些问题单纯依靠需求侧发力是不行的，必须从供给侧发力。目前主要任务是，去产能，去库存，鼓励创新、创业，支持产业升级，等等。

综上可知，两者差别甚大，不是一回事。

当然，我国目前也需要给企业适当“减税”，但是，目的不是为了提高社会储蓄率、增加投资，而是为了给企业“减负”、降低生产成本。比如，应当给劳动密集型中小企业减负，最好的减税方法是让由企业缴纳的“五险一金”，以一定比例抵扣税收。

3. 政府职能若不转变，很难妥善消除“三大症结”

1984年冬，就有学者提出，应当转变政府职能，即在经济运行中，政府应摆脱“运动员”角色，专司“裁判员”职责。可是，这一改革迄今未能进行，甚至，在某些方面还有所加剧。

目前，政府（直接或通过国企）垄断着土地、资金、能源等要素市场，国企还在多个竞争性行业中居垄断地位。把地区生产总值作为对地方政府的重要政绩考核指标后，更使得政府深深地介入“微观经济”之中，甚至还使许多民营骨干企业“蜕变”为“红顶商人”。

必须看到，只要政府继续保持“运动员”职能，我国经济的“三大症结”便很难妥善消除。因为，具有“运动员”职能的政府正是“三大症结”的重要推手。产能过剩，在很大程度上是外延扩张过度造成的。政府官员不是企业家，因而由他们作出的企业发展决策，往往偏重外延扩张。更何况，国企对市场的敏感度低，市场机制的结构调整作用会大打折扣。因此，目前产能过剩严重的行业，国企占比都是很高的。贫富差距扩大和环境污染，是市场主体在追求利润最大化的同时所带来的“负外部性”。遏制、消除这种“负外部性”，本来是作为“裁判员”的政府的职责。但是，当政府具有“运动员”职能后，一方面，上述职责的履行大打折扣；另一方面，出于“运动员”的本能，自己也往往在制造这种“负外部性”。正如人们所看到的，为了追求政绩，地方政府在处理资本与劳动的关系时，往往较多地偏向资本；在处理“发展”与“环境”的关系时，往往较多地偏向“发展”。

（此文入选2016年8月在北京召开的“中国特色社会主义政治经济学论坛第十八届年会”）

平抑炒房潮，要治标，更要治本

为了平抑今年以来一线城市与部分二、三线城市狂涨的房价，进入 9 月后，国家有关部门与部分城市政府陆续出台了平抑房价的措施。特别是 9 月 30 日—10 月 6 日，7 天中先后有 19 个城市出台了严厉的限购限贷政策措施。业内人士分析称，还会有一些城市跟进。随着“政策拐点”的出现，“市场拐点”也在形成中，目前，已有多地的房市有所转冷，苏州已经出现暴跌；明年，部分城市或会出现“量价齐跌”现象。

应当看到，去年底确定的以放宽购房限制、降低房贷门槛为主要措施的房地产“去库存”新政，自今年初全面实施以来，不仅没有实现初衷——拉下房价，让更多百姓买得起房，进而“打通供需渠道、消化库存”，而且还引发了一场空前的全国性炒房“风潮”。现在，有关城市政府所采取的限购限贷措施，实际上是年初“去库存”措施的逆措施。在当前，采取这样的措施是必要的，但是，其作用仅仅是治标，一时地把炒房潮压一压。为了使我国的房地产市场真正走向健康，使普通老百姓不再为住房问题发愁，仅仅治标是远远不够的，一定还要有强有力的治本措施。这主要是两个方面。

一、切实调整、完善住房制度，包括“土地财政”

政府要把住房作为“准公共产品”来切实完善，要把住房分成商品房、经济适用房、廉租房等三类。其中，后两类都是有政策性的。把住房分成三类，早在 1998 年 7 月就写入了《国务院关于进一步深化城镇住房制度改革加快住房建设的通知》，但是在后来的执行中走偏了，明显地向“高端”倾斜，商品房比重过大，经济适用房不是“变味”就是被取消，廉租房则严重压缩。对此，目前亟待调整完善，使得住房呈现应有的“准公共产品”性质。

商品房，完全商品化、市场化的住房，主要面向富裕人群和中上收入人群。其中的“豪华商品房”即豪宅，还应当每年征收消费税，此项收入全部用于补贴廉租房。

经济适用房，政策性＋商品性；购买对象主要是中低收入人群。“三限”，限面积、限价格、限交易。每套面积 60 平方米左右，最多不得超过 80 平方米；每套价格控制在当地居民家庭平均年收入的 6 倍以内；无自有住房的在当地工作的常住人口家庭限购一套，不得出租、转让，迁徙或购买商品房后，必须“退回”。

廉租房，政策性更强，主要面向低收入人群，尤其是外来务工者。每套面积可为 20—40 平方米，允许合租，不得转租。

对于土地供给，地方政府不能追求“利润最大化”，而应当追求“社会效益最大化”。要根据当地的实际情况确定三类住房的土地分配比例，优先保证对经济适用房与廉租房的土地供给，并且，要通过控制“土地交易价格”来控制房价。

二、遵循客观规律，努力引导资金流向实体经济

目前，实体经济增速下行，贷款有效需求不足，社会资金大量闲置。这些闲置资金很容易进入房市，推动炒房狂潮。显然，目前急需努力引导资金流向实体经济。如何引导？仅仅凭主观意愿提出一些口号是不能解决问题的，必须遵循客观规律，脚踏实地地努力。

要使实体经济吸纳更多的资金，基本途径有二：一是“横向路”，即扩大内需、拓展国内市场规模；二是“纵向路”，即鼓励创新、增加新技术供给，造就竞争力更强的产业、企业。

目前，我国存在健康扩大内需的良好条件与机遇。这就是：基尼系数偏高、贫富差距过大、居民人均收入占人均GDP比重偏低。因而，只要采取得力措施，缩小贫富差距，就可以促成国内消费需求的较大幅度上升，进而扩大市场规模。为此，应当从速改变财政资金投向，从以投资为主转变为以“二次分配”为主。当前的主要投入点可以放在解决住房、教育、医疗等问题、完善社会保障体系上。这件事做好了，不仅可以收获可观的“消费乘数”红利，还能大大促进社会和谐。

鼓励创新、增加新技术供给是经济发展的基础，是长期任务。为实现这个任务，主要得依靠市场机制发挥作用。目前，我国政府应当去做的主要是两件事：一是严格知识产权保护；二是建立顺畅的风险投资退出渠道，以促进风险投资快速发展。

为建立顺畅的风险投资退出渠道，需要尽快造就完善的金字塔式证券市场。要开放一级市场，股票发行实行注册登记制，任何企业都可以在依法改组为股份有限公司后依法向社会发行股票；要在此基础上，设立一系列基础性股票交易市场。这样，加上现有的顶端市场，便形成了金字塔式市场。

（此文刊载于 2016 年 10 月 11 日《上海金融报》）

电商的两大“致命伤”亟待纠正

近几年来，我国电子商务发展神速。私人消费中，线上购物的占比，2010 年为 3% 左右；2015 年达到 15% 左右，总金额 4.1 万亿元左右；今年又有大幅度增长，仅“双 11”一天，销售额即达 1800 亿元，其中天猫为 1207 亿元。预计 2020 年，上述占比将达 24% 左右，总金额 19 万亿元左右。

迅猛发展的线上购物，以其价廉、便捷的优势猛烈冲击传统商业，引发了零售商业模式的重大变革：一方面，不少中小型实体店乃至一些大型商场关门了；另一方面，1000 多万家网店开张了，并且带动了一个颇具规模的快递行业，还促成了支付宝、余额宝等金融创新。总之，总体上看，这一场变革意味着效率提升，积极意义重大。

但是，必须看到，目前，电商存在两个重大缺陷——“一少一多”。若不尽快纠正，必将严重阻碍电商的持续健康发展。

（1）纳税很少。不少中小型网店基本上不纳税。这样，一则，造成不公平竞争，那些被“击垮”的实体店，有相当部分很可能不是输在效率上、服务上，而是输在税负上，是“劣币驱逐良币”。二则，造成国家税收的大量流失，影响财政收支平衡，并且，随着电商交易规模的扩大，后果将愈来愈严重，财政将不堪重负。

（2）假冒伪劣商品多。工商总局 10 月 8 日公布了对天猫、京东商城等国内市场主要电商平台上交易的商品的质量抽检结果。这次抽检了家电、服装、儿童用品等 503 个批次的日常消费品，总体不合格率为 34.6%，其中，93% 为内在质量不合格。在 172 批次不合格商品中，天猫与淘宝合计占 1/3。假冒伪劣商品多，一则损害消费者的利益，二则毒化社会道德环境，损害信用经济建设与社会和谐，三则严重损害电商平台自身的信誉。比如，阿里巴巴的国际声誉欠佳，认为马云“创立的电商帝国以售假全球闻名”；并且在不久前，淘宝又一次在美国被纳入“恶名市场”名单。显然，这个恶名不消除，天猫、淘宝是难以获得强大的国际竞争力的。

显然，这两个问题均是“致命”的，必须“零容忍”，进而坚决地从速纠正。在纠正时，特别要强调电商平台的责任，同时，也要充分发挥电商平台的作用。

1. 关于公平税负

由于电商发展已经有好几年了，规模已经相当大了，因而，总体上，相比于实体店，不能再有优惠政策。

（1）从速把电商应当缴纳的税收征收上来。有人认为，对数字经济征税存在技术难题，因此，对电商征税事宜便一拖再拖。这种见解并不完全正确。比如，业内人士，知名税务专家、京东集团税务与资金副总裁蔡磊就指出，就技术层面来讲，难题完全可以解决，但要改变思维，一定要在互联网信息监管的前提下去做，而不是利用传统手段。

（2）目标：通过纳税促进公平、效率。电商的“总税率”不能低于经营同类商品的实体店。因为，既然电商的效率高于实体店，那么，相同的交易额，电商便能够产生更多的增加值与利润。因此，相同的交易额，电商应当缴纳的税金不得低于实体店。

（3）明确电商平台在纳税中的责任。由于电商平台掌握着网店的“流水”及生存权利，平台利润也来自网店，因此有能力也有责任向税务部门提供旗下网店的应税数据。必须规定：第一，电商平台有义务有责任提供旗下网店的相关数据，如增值额、利润等等，有责任协助税务部门征收税收；第二，在网店未能及时缴纳税金时，电商平台有责任和义务先行垫付。

2. 关于消除假冒伪劣商品

（1）加强检查。工商管理部门要切实加强对网上销售的商品的质量检查；电商平台也有责任加强检查。

（2）网店责任。一旦查实网店出售假冒伪劣商品，就要严厉处罚，要课以高额罚金，要给消费者不少于货价若干倍的赔偿，要记入不良信用记录，多次出售假冒伪劣商品要吊销营业执照。

（3）平台责任。网店出售假冒伪劣商品，电商平台也要受处罚，也要课以高额罚金（金额不低于网店），并公开通报，以及其他处罚。

（4）鼓励网店、电商平台投诉供货商。这一点非常重要，是促进网店与平台形成“质量自律”机制所必不可少的。如果网店出售假冒伪劣商品的责任在于供货商，即网店进货时并不知情，那么，网店及电商平台可以投诉供货商。经裁定确认后，网店与平台缴纳的罚金和给予消费者的赔偿均由供货商支付，网店因此而造成的不良信用记录撤销。此外，网店还可以从对供货商的高额罚款中获得可观的、比出售假货的利润高得多的奖金。

上述措施，表面上似乎对网店、电商平台十分严厉，实际上，则是对网店、电商平台最大的爱护。因为，如果这两个问题得到切实纠正，那么，电商将如虎添翼，迎来持续的快速发展，驰骋于世界！

（此文于 2017 年 1 月 9 日获得时任浙江省副省长朱从玖批示）

当前要努力补齐金融服务实体经济的“短板”

当前，我国经济进入“新常态”，增速下行，呈现 L 形走势，企业扩大经营规模的意愿下降、资金需求下降，社会资金供求相对宽松。此时，金融服务实体经济的最佳选择是，首先侧重于补齐“短板”。目前，金融服务最大的“短板”存在于风险投资领域和普惠金融领域。

1. 风险投资领域

众所周知，当前，我国迫切需要加大创业、创新力度。创业、创新都少不了资金支持。但是，对于真正的创业、创新，就每个具体项目而言，其收益前景是不确定的，失败的概率很大。因此，难以利用“常规”的金融资金，如银行贷款，而主要需依靠风险投资。众所周知，目前，我国风险投资的发育还处于“幼稚”阶段，远远不足以支撑创业、创新的快速发展。目前，我国社会中并不缺乏资金，关键是如何引导资金进入风险投资领域。这是当前我国迫切需要妥善解决的重要课题之一。

2. 普惠金融领域

虽然，国家在好几年前就提出要大力发展普惠金融，并且也有明显成效，但是，由于此项任务的工作量与难度颇大，不可能一蹴而就，因而，目前仍然还是“短板”。尤其是规模以下小企业和个体工商户，从正规银行渠道获得贷款的户数占总户数的比例均不到10%，比农户还要低得多。当然，对农户的金融服务也是很不充分的，尤其是偏僻的贫困山区。还有，如何让金融参与“精准扶贫”，也是需要探索的课题。目前，总体而言，“规模以上企业”的融资并不很难，只要其效益良好，偿还能力足够，通常都能够获得银行贷款。

当前，应当怎样去补齐这两块“短板”？主要建议如下：

一、为加速发展风险投资，主要需做好两件事

1. 严格知识产权保护——增加风险投资需求

严格知识产权保护，是发展风险投资的必要措施，只有知识产权受到严格的保护，抄袭、剽窃者受到严厉惩罚，技术创新者的利益得到切实保障，人们才会有较大的积极性去从事技术创新；进而，对风险投资的需求也会急剧上升。目前，我国对于知识产权的保护还是欠完善的，并且，改善的难度还颇大。据《南方周末》记者2014年6月28日在“从中国制造到‘中国智造’大会”上向参会者做的问卷调查，在问到知识产权保护“改善了没有？”时，回答“基于中国特色，非常难”的有41.67%，“因素太复杂，不好说”的有22.22%。其中最主要的原因是执法不严，回答“执法力度弱”的有46.3%，“维权成本高”的有40.74%，“法律不完善”仅为11.11%。在“执法不严”的背后，恐怕主要是地方保护主义、GDP主义在作怪。因此，当前，为改善知识产权保护现状，必须切实解决好“执法不严”问题，切实消除地方保护主义，加大对知识产权的司法保护力度。在还没有取消“GDP考核”时，应当把“依法保护知识产权”作为重要的考核指标，并且权重大于“GDP”。

2. 通过发展基础性股票市场，造就多层次、金字塔式股票市场，进而营造顺畅的风险投资退出渠道——增加风险投资供给

风险投资的成功率很低，从而必须有一条顺畅的、能够使项目成功的价值与收益充分“展现”的退出渠道，进而使得风险投资公司获得良好的总体收益。唯有如此，社会资金才可能大量进入风险投资领域。顺畅的风险投资退出渠道，离不开完善的股票市场，不仅要有顶端市场，而且要有完善的基础性市场。因此，我国目前迫切需要发展基础性股票市场，进而造就多层次、金字塔式股票市场。措施的基本要点如下。①开放股票一级市场。任何企业与自然人都可以依法组建股份有限公司，并且，只要经过会计师事务所、律师事务所审核确认符合法定要求，并找到代理券商，即可由代理券商代为向证监部门登记及向社会公众发行。如果发行失败，经济损失由发行公司与代理券商承担。②发行与上市分离。任何公司，初次发行后，都只能在代理券商那里挂牌交易。满一年后，业绩优良的股票可经券商推荐进入地方中心城市的柜台交易市场。柜台交易市场实行会员制，以当地券商为会员。在柜台交易市场交易的股票，届满一年且表现优良者，经柜台交易市场推荐，方才有资格向主板、二板、新三板市场申请上市；经过沪深证交所审查后择优“录取”。同样，在沪深证交所表现不佳的股票，也要按此顺序逐级退下来。③证监部门不再从事发行、上市的审批，集中精力对股票的发行、交易、上市等的全过程进行检查、监管，及时依法处置各种违法、违规行为。

二、为加速发展普惠金融，主要需要做好下列事情

1. 引导、督促农信机构、村镇银行进一步深耕本土，更好地“支农支小”，为农户、规模以下小企业、个体工商户服务

农信机构和村镇银行都是县域中的小型银行，“支农支小”的主力军。其实，“支农支小”不仅是监管部门对它们的要求，而且也是它们自身优势之所在。比如村镇银行，凡是坚定地“支农支小”者，业绩基本上都是好的或比较好的；反之，市场定位偏离“支农支小”者，往往不良贷款率偏高。目前，出于多方面的原因，农信机构和村镇银行的“支农支小”服务工作是优劣分化、

参差不齐的，并且，还存在空白，尤其是在“支农支小”做得欠佳的那些机构的“辖区”中。因此，有关部门应当引导、督促它们进一步深耕本土。所谓进一步深耕本土，就是除了要摆正市场定位外，还要像浙江省的台州银行、泰隆银行那样，深入开展村居化、社区化营销，通过营销，与客户建立感情，深入地了解客户的需求，并为之开发提供针对性的金融产品，从而将市场做深、做细、做透。村居化、社区化营销能够大大促进这些小银行自身的发展。比如，浙江省的长兴联合村镇银行，通过近两年的村居化营销，已经收获硕果，储蓄存款增长甚快，存款已经“过关”、自给有余（2016 年一季度末存款余额 37.34 亿元）。

2. 继续大力倡导、鼓励其他银行发展普惠金融

多年来，监管部门一直在倡导、鼓励其他银行发展普惠金融，今后还应当继续，并且应分别情况，加大力度。①要帮助、督促邮储银行提高存贷比。邮储银行是专营小额贷款的全国性银行，资产规模已经超过 7 万亿元，排行国内银行第 6；营业网点超过 4 万个，服务客户近 5 亿人，均居国内银行之首。邮储银行实为普惠金融领域的“航空母舰”，但是，其存贷比明显偏低，仅 30% 左右；有关方面应当帮助、督促其快速提高。②对城市商业银行要分类指导。近几年，监管部门一再要求城商行下沉市场定位，回归“本源”，也就是如同原来的城市信用社那样，为小微企业服务。根据实际状况，应当分类指导。对于规模甚大甚至已经上市的机构，可以要求它们发展“差异化经营”，设置小额贷款专营支行，同时开发有特色的小额信贷产品。对于小微贷款做得极其出色的机构，如台州银行、泰隆银行等等，可以鼓励其发展，如增设分支机构、控股或兼并其他小银行等等。对于众多规模、活力均一般的机构，则可指导、帮助其发挥“本土”优势，深耕“市场”，做出特色。③鼓励大中型银行从事普惠金融。国有银行、股份制银行等大中型银行，虽然都设有中小企业信贷部，但是，实绩真正良好的只有民生银行、浙商银行等不多的几家，其共同经验是：切实重视，开发特色产品，设置专营支行。

3. 支持网商银行发展

网商银行属于“互联网金融”，是普惠金融中重要的生力军。网商银行拥有两大风控手段：①掌握线上客户全部“流水”，进而通过大数据、云计算技术有效地掌握客户的信用能力；②掌握着客户的“电商资格生死权”，可以将“老赖”上黑名单，使得其终生不能再从事电商。因而，在线上有巨大优势，可以极其快速地大量发放小额信用贷款。比如，到今年 3 月中，浙江网商银行已经累计放贷 450 亿元，服务小微客户 80 多万户，不良率 1%；前海微众银行已经放贷 128 亿元，服务客户 66 万人。今后，如果涌现第三家、第四家网商银行，也应当支持、热烈欢迎。

4. 应当发展一批“草根银行”

“草根银行”是指，生于“草根”服务“草根”的、竭诚为民营小微企业服务并与之共存共荣的民营银行。台州银行、泰隆银行就是典型代表。毫无疑问，我国需要更多的台州银行、泰隆银行；但是，我们不可能只要结果而不经历过程。为造就更多的“台州”“泰隆”，应当在村镇银行层次上开放民间金融资本准入；并且，原则上只允许三种人，金融业务骨干、准金融行业从业者、将全部资本转投金融业的原工商企业主，做控股大股东。

5. 承认小额贷款公司的金融机构身份，并允许其成为依附于银行的金融公司

目前，全国有小贷公司 8000 余家，贷款余额 9000 多亿元，是一支不容忽视的力量。然而，现行的小贷公司，没有金融机构身份，杠杆率极低，贷款利率甚高，监管粗放，不少机构不良贷款高企。实际上，这样的小贷公司是难以持续的。目前已进入“拐点”，今年一季度，数量减少 43 家，贷款余额下降 23 亿元。其基本出路应当是，承认其为金融机构，允许其通过市场选择而成为依附于银行（尤其大银行）的专门从事“普惠金融业务”的金融公司。从而，使其杠杆率低、贷款利率过高、缺乏有效监管等问题迎刃而解，使得小贷公司在金融体系中发挥应有作用。

6. 推广农村金融改革中的“丽水经验”，弘扬“丽水精神”

位于浙江省西南部山区的丽水市，是浙江省最欠发达的地级市，户籍人口 266 万人，常住人口 213 万人，1/5 的人口外出。从 2007 年起，丽水市政府在中国人民银行丽水市中支的协助下，大力推进农村金融改革。由于成绩显著，因而被中国人民银行与浙江省政府定为“行省共建”的农村金融改革试点。其经验值得推广，其精神值得弘扬。

该市的农村金融改革是相当成功的。成功，集中体现在确实促进了农民收入提高及城乡差距缩小上。丽水市城乡居民人均收入比，2003—2015 年，依次为 3.31，3.58，3.60，3.61，3.64，3.51，3.33，3.23，3.00，2.97，2.90，2.23，2.19。就是说，在 2007 年前，城乡差距是“逐年扩大”的；之后，便“逐年缩小”了。丽水市的农村居民收入与全省平均值之比，2003 年为 56.10%，2007 年降为 52.91%，2011 年升到 59.74%，2015 年再升到 71.01%。很明显，农村金融改革确实使得广大农民得到了实惠（当然，这并不是促使城乡差距缩小的唯一因素，但毕竟是重要因素）。

丽水的农村金融改革主要从三个方面推进：①通过“财产资本化”，让信贷深入农户。2007 年发展林权抵押贷款，后来又发展农房抵押贷款、土地流转经营权抵押贷款。2015 年末，这“三权”抵押贷款余额，分别位居全省各地区的第一、第二、第一。此外，还开办了茶园、石雕、农副产品仓单、村级集体经济股权、水利工程产权等的抵（质）押贷款以及政银保扶贫贷款等。②从“支付便农”理念出发，为偏僻山区农户提供基本金融服务。先是按“应布尽布”原则，在没有银行网点的 2114 个行政村设立了“银行卡助农取款服务点”。后来，又陆续增加多种服务，发展成为“农村金融服务站”，农民可以在此获得各种基本的金融服务。2015 年末，丽水市已有网银用户 173.32 万个，手机银行用户 163.33 万人。③从“信用惠农”理念出发，建设农村信用体系。丽水对全市农户进行了统一的信用评级，评定信用农户 42.3 户，其中 35.53 万户累计获得贷款 386.32 亿元。2015 年，农户贷款覆盖率高达 73.89%。同时，还建设多层次农村担保体系。2015 年，已建成村级互助担保组织 170 家，政府担保基金 4 个，政府出资的融资性担保公司 2 家，村级资金互助会 367 个。

丽水市的实践，提供了一种新的（财税优惠、货币信贷优惠以外的）政策性金融实现形式——地方政府（在中国人民银行协助下）直接牵头并出资搭建金融服务平台。

丽水市的农村金融改革如此成功，是与“丽水精神”，即竭诚为“三农”服务的实干精神分不开的。若无这股精神，便不可能解释，在一个当时的常住人口只有 213 万人的地区，为评定农户信用等级，竟然出动 1.73 万名干部；也不可能解释，政银保扶贫贷款竟然设计得如此精巧。（政银保贷款是政府、银行、保险公司联手的贴息扶贫贷款。2011 年，景宁县接受社会救济的贫困农户有 6463 户，经调查发现，其中 43.4% 有“造血”能力，有的还“造血”意愿甚强。于是，政府、银行、保险公司共同研究开发出这项贷款：由银行按基准利率发放小额信用贷款，保险公司承担 70% 的风险，政府则支付保费及贷款利息。2016 年 4 月底，贷款余额 1.48 亿元，2726 笔）

7. 银监会需要“扩军”

毫无疑问，为发展普惠金融，还需要发展较多的小微金融机构，进而，也需要“监管”跟上。与此要求相比，银监会（注：2018 年 3 月撤销）的机构设置与人力配备存在较大“缺口”。银监会是 2003 年 4 月 28 日从中国人民银行分设的。当时正值城市信用社和农村基金会清理整顿结束之后，监管对象较为简单，只有政策性银行、国有商业银行、股份制银行、城市商业银行、外资银行与农信机构。由于实行“法人监管”，因而县域的监管工作量不大，县域中的机构与人员都十分简略。这种架构一直延续至今。比如，2013 年末，县域中的监管办事处共有员工 3873 人，占银监会员工总数的 16.22%，平均每个县域仅 1.36 人。因而，在县域中，有的设置了 2—4 人的监管办事处，有的干脆没有机构。以这样的机构设置、人员配备去应对县域中新出现的海量小微机构，如村镇银行、小贷公司、农村资金互助社，以及金融控股公司、资产管理公司、担保公司等等，显然是力不从心的。因此，银监会各级机构都要适应监管需要相应“扩军”，尤其是要在县域中设立监管支局，监管人员一般应当不少于 10 人。

8. 努力建设信用经济

迈向信用经济，是从根本上改善社会信用环境的必需措施，更是我国经济发展的重要战略方向。只有进入了信用经济，P2P 才可能规范为仅仅是信息中介，否则，只能是信贷中介、变相办银行（少数甚至是“非法集资”“庞氏骗局”）。只有进入了信用经济，线下客户才可能大量去线上贷款，台州银行、泰隆银行等才可能像美国的富国银行那样通过电脑自动处理小额贷款。至于怎样建设信用经济，限于篇幅，当另文详述。

（此文刊于 2016 年 12 月 2 日《上海金融报》）

2017 年

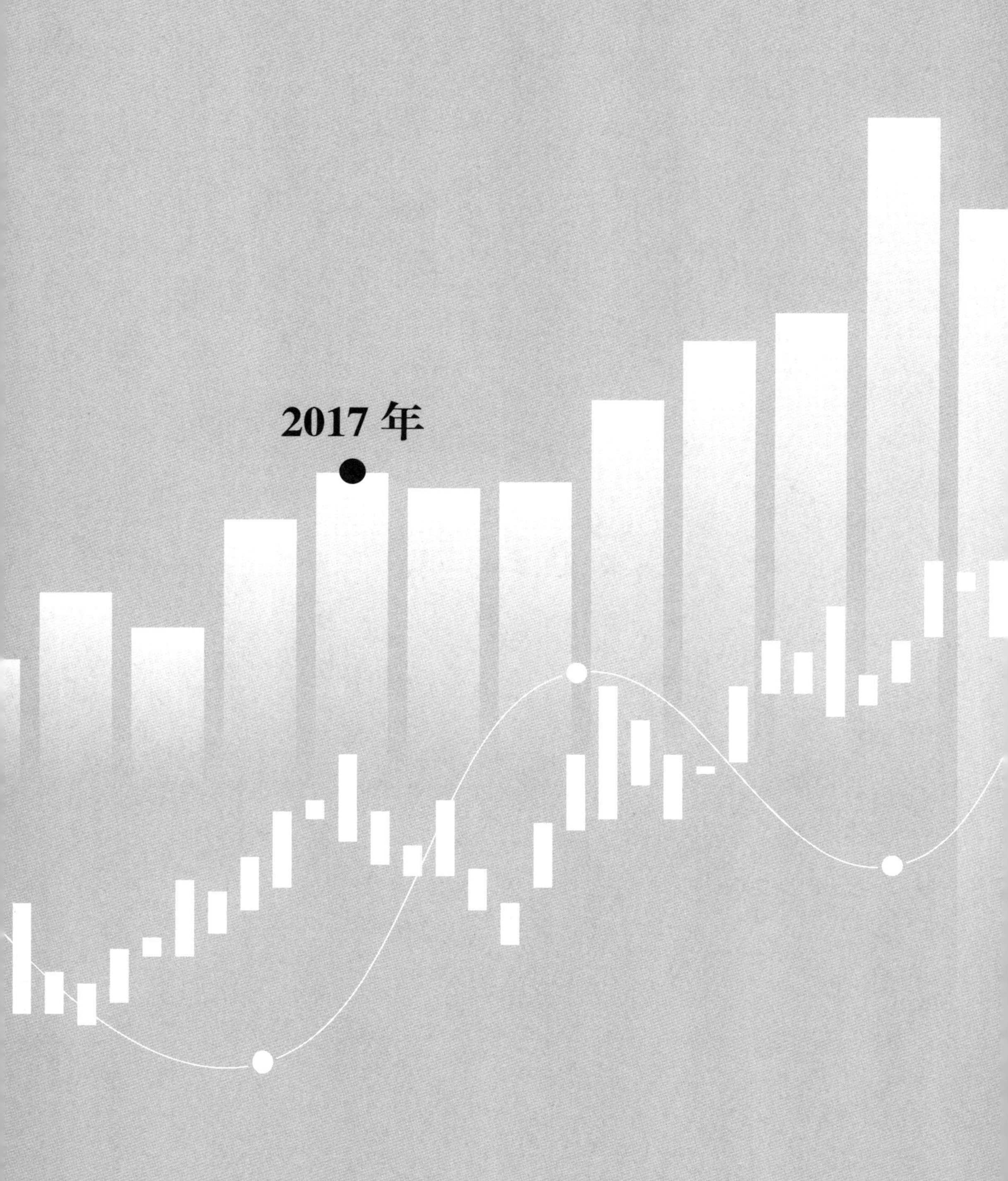

解决“弃风”“弃光”问题需要在“储存”上下功夫

今年冬天我国出现的大面积严重雾霾并非偶发现象。原环保部环境规划院总工程师金南如在不久前召开的“2016 中国环保上市公司峰会”上说，我国几乎所有空气污染物排放指标都居全球首位。显然，为了减轻雾霾、改善空气质量，必须大力调整能源结构，减少化石能源尤其煤炭的使用量。其中的重要措施之一便是，要大力发展风电、光伏等可再生清洁能源。对此，国家有关部门不但做了规划，而且也进行了大量投入。但是，众所周知，目前，风电、光伏电站存在严重的“弃风”“弃光”现象，并且还在继续发展。

2016 年上半年，全国风电的平均弃风率为 21%，同比上升 6 个百分点；其中，甘肃为 47%，新疆为 45%，吉林为 39%，内蒙古为 30%。2016 年上半年，据国网数据，国家电网公司经营区，累计弃光量达 33.05 千瓦时，同比增长 91%，弃光率为 12.1%，同比上升 2.05 个百分点。显然，如此严重地“弃风”“弃光”，不仅仅是资源的巨大浪费，而且还阻碍着风电、光伏的健康快速发展。

目前，对于解决“弃风”“弃光”问题，主要是在“送电”上做文章。例如，电力发展“十三五”规划认为，“弃风”“弃光”的主要原因是电源布局不均衡、受电网输送能力限制、系统调解能力有待提高等等，需要针对上述原因“逐一部署解决方案”。其实，上述认识与对策办法是不够全面的、有缺陷的。

风电、光伏存在两大弱点。一是供给与需求的匹配程度很差，既存在空间上的错位（风电、光伏资源丰富区域往往不是电力需求的旺盛区域），又存在时间上的错位（一天中，风电、光伏的发电时段与电力需求明显地无法同步）。这个问题是始终存在的。二是目前风电、光伏的发电成本还比较高，电价中还包含较多的补贴。如据发改委通知，2017 年 1 月 1 日起，一类至三类资源区新建光伏电站的标杆上网电价，在比 2016 年大幅度调低后，仍然分别高达每千瓦时 0.65 元、0.75 元和 0.85 元，远远高于煤电（2016 年全国平均不到 0.40 元，其中甘肃为 0.2978 元、宁夏为 0.2595 元；2017 年不调整）。因此，当电网上的“供给”超过“需求”时，首先被“拒购”的显然是光伏、风电等高价电。因此，有人认为，在现行体制下，“弃风”“弃光”是难以解决的。

其实，出路是有的，这就是“储存”。也就是，在遇到电网“拒购”时，有关电站不是停止发电，弃风、弃光，而是将电能转换成其他形式的能源储存起来。应当看到，被舍弃的那部分风、光资源的收益是 0，利用这部分资源的机会成本也是 0。因此，如果将这部分电能“储存”起来，成本是比较低的，能够比较容易地实现“财务可持续”。

根据目前的技术条件，“储存”的技术路线主要有二：①通过石墨烯电池储存。这是一项正在快速发展中的技术，目前已经接近成熟。例如，2014 年 12 月《网易科技》报道，西班牙 Graphenano 公司与科尔瓦多大学合作开发的产品，充电 10 分钟便能够供电动汽车跑 1000 千米，并且成本完全在消费者可承受的范围之内。②通过电解水转化为清洁燃料氢气（同时还得到副产品氧气）。氢气可用一些具有特殊性能的合金（如钛 / 锆系合金、钛铁系合金、稀土镧镍系合金、镁系合金等等）吸附后以“固态”存在，进而用于电动汽车及其他用途。当然，随着科技的进步，还可能出现“储存”的第三条技术路线。

“储存”的组织实施，原则上由电站及电站集团公司自行负责，但是，也不排除在条件具备时，电网与电站合作实施。

在“储存”的起步阶段，国家有关部门应当根据实际情况，给予一定的政策支持。

应当看到，由于光伏、风电资源的“区域错位”太厉害了，因而，“储存”，有着强大的生命力，并非权宜之计。比如，我国光伏资源最丰富的地区是人烟极为稀少的藏北高原，那里年平均太阳辐射强度超过 200 卡 / 平方厘米的地区，就有 60 万平方千米。按照目前的光伏转换效率 23% 计算，每开发 1 万平方千米就可以获得相当于 7 亿吨标准煤的能源。这也就是说，只要开发藏北高原的 1/10，即 6 万平方千米，就可以满足我国的全部能源需求。显然，今后在大规模开发藏北高原的太阳能时，完全依靠“西电东送”是不现实的，“储存”势必扮演十分重要的角色，甚至可能是主角。

欠发达地区也能出优秀村镇银行
——对常山等 4 县（市）村镇银行的调查

通常认为，在较为发达的地区兴办村镇银行，容易办得好；在相对欠发达地区则反之。进而，主发起银行在选择办行地点时，往往偏好于人均 GDP 高、信贷“盘子”大的县域。

浙江省目前已有村镇银行 72 家，经过比较分析发现，衢州市的常山和丽水市的景宁、庆元、龙泉等 4 个欠发达县（市）的村镇银行也相当优秀。这 4 个县（市）的人均 GDP 均不足全省平均值的一半，信贷“盘子”也相当小（见表 1），在浙江省，不折不扣地属于欠发达地区。但是，常山联合、景宁银座、庆元泰隆、龙泉民泰等 4 家村镇银行的绩效却名列省内前茅，这是值得关注、探究的。

一、业绩优良

庆元泰隆、常山联合、龙泉民泰和景宁银座等四家村镇银行，先后开业于 2011 年和 2012 年初，基本情况见表 2。“优良业绩”，主要表现在下述方面：

表 1　常山、景宁、庆元、龙泉的经济发展水平（截至 2013 年末）

	常山	景宁	庆元	龙泉	全省
人均 GDP（元）	31768	22340	23434	33184	68462
相当于全省平均值的百分比 /%	46.4	32.6	34.2	48.5	100.0
城镇居民人均收入 / 元	23036	25332	25004	30918	37851
相当于全省平均值的百分比 /%	60.9	66.9	66.1	81.7	100.0
农村居民人均收入 / 元	11542	9466	9145	10368	16106
相当于全省平均值的百分比 /%	71.7	58.8	56.8	64.4	100.0
金融机构各项存款 / 亿元	139.70	64.72	65.63	115.60	73732.36
金融机构各项贷款 / 亿元	107.95	47.59	59.03	99.47	65338.54

数据来源:《浙江统计年鉴 2014》。

表 2　常山联合、景宁银座、庆元泰隆、龙泉民泰的基本情况

	常山联合	景宁银座	庆元泰隆	龙泉民泰
开业年月	2011 年 4 月	2012 年 2 月	2011 年 1 月	2011 年 10 月
主发起银行	杭州联合银行	台州银行	泰隆银行	民泰银行
注册资本 / 万元	6000	5000	5000	5000
主发起行占比 /%	40%	54%	49.5%	51%
当地企业占比 /%	40%	36%	47.5%	49%
“忠诚”企业占比 /%	20%	10%	3%	
董事会人数 / 人	5	5	5	5
主发起行数量 / 家	2	3	2	3
当地企业数量 / 家	2	1	2	2
“忠诚”企业数量 / 家	1	1	1	
高管数量 / 人	3（1 正 2 助）	3（1 正 1 副 1 风总）	3（1 正 2 副）	3（1 正 2 副）
内设机构数量 / 家	3	2	3	6
营业网点数量 / 个	5	2	5	7
支行数量 / 家	4	1	4	6

续表

	常山联合	景宁银座	庆元泰隆	龙泉民泰
员工人数 / 人	91	59	79	136
员工平均年龄	27	29.5	27.2	25

注：“忠诚”企业是指由主发起银行带过来的外地企业。

1. 存款增长状况名列前茅

存款是商业银行经营的基础，对于苦于“吸存难”的县域小型商业银行村镇银行来说，存款的增长状况更是与其竞争活力密切相关的重要指标。2014 年末，浙江省村镇银行的存款市场份额的前 6 位是：①三门银座 7.43%；②龙泉民泰 6.15%；③景宁银座 5.22%；④庆元泰隆 5.14%；⑤长兴联合 5.07%；⑥常山联合 4.56%。常山联合等四家村行全部进入前 6 位。再用村镇银行存款与当地农信机构存款的比例考察，2015 年 6 月末，全省村行的前 8 位是：①三门银座 25.06%；②景宁银座 21.47%；③庆元泰隆 18.48%；④龙泉民泰 17.52%；⑤长兴联合 16.93%；⑥温岭联合 16.85%；⑦象山国民 14.73%；⑧常山联合 14.10%。常山联合等四家村行都进入前八，名列前茅。

表 3　常山联合、景宁银座、庆元泰隆和龙泉民泰村行的主要经营数据

（截至 2015 年 8 月末）

	常山联合	景宁银座	庆元泰隆	龙泉民泰
各项存款（万元）	80759	48052	59630	77491
储蓄存款占比 /%	40.7	59.3	72.9	56.2
财政存款占比 /%	17.9	19.3	15.1	35.0
各项贷款 / 万元	90420	60647	61797	105614
短期贷款占比 /%	96.93	96.3	99.1	100.0
中长期贷款占比 /%	3.07	3.7	0.9	0

续表

	常山联合	景宁银座	庆元泰隆	龙泉民泰
涉农贷款占比/%	98.1	89.9	95.3	85.5
农户贷款占比/%	51.8	85.8	84.1	75.3
公司贷款占比/%	46.3	3.9	11.1	9.0
个人经营贷款占比/%	46.8	74.0	79.1	80.2
个人消费贷款占比/%	6.9	22.1	9.7	10.8
户均贷款/万元	31.91	24.07	21.55	39.70
公司贷款户均/万元	225.0	158	150	237
个人经营贷款户均/万元	20.4	29.6	20.4	36.9
农户贷款户均/万元	18.3	31.6	19.4	34.9
500万元以下贷款占比/%	98.0	100.0	100.0	100.0
公司贷款平均期限/月	11.74	9.7	7.83	6
个人经营贷款平均期限/月	12.03	9	9.67	6
不良贷款率/%	1.07	0.14	0.44	0.49
拨备覆盖率/%	240.0	1967	668.6	532.6
存款平均利率/年化	2.33	1.85	1.60	1.96
贷款平均利率/年化	9.71	11.18	10.90	10.30
资产利润率/年化	2.58	3.47	3.86	2.68
营业收入利润率/%	42.5	44.07	51.50	48.03

资料来源：各村镇银行填报。

注：营业收入利润率为利润总额/全部营业收入。

2. 市场定位良好，坚定地“支农、支小”

由表3可知，这四家村镇银行的户均贷款都很低，最高的龙泉民泰也只有39.7万元，最低的庆元泰隆仅为21.55万元，景宁银座为24.07万元，常山联合为31.91万元。500万元以下贷款的占比，最低的常山联合也高达

98.0%，其余三家村镇银行均为 100.0%。这四家村镇银行的涉农贷款比重都很高，常山联合为 98.1%，庆元泰隆为 95.3%，景宁银座为 89.9%，最低的龙泉民泰也高达 85.5%。并且涉农贷款中的大部分都直接放给了农户。农户贷款占各项贷款的比重，景宁银座为 85.8%，庆元泰隆为 84.1%，龙泉民泰为 75.3%。常山联合由于农业专业合作社贷款多，因而农户贷款占比略低，但也高达 51.8%，超过了当地的农信机构（49.7%）。

3. 风险控制良好，信贷资产质量较高

由表 3 可知，在风险控制方面，这四家村镇银行的共同特点是，不良贷款率低，拨备覆盖率高。2015 年 8 月末，不良贷款率分别为：景宁银座 0.14%；庆元泰隆 0.44%；龙泉民泰 0.49%；常山联合 1.07%。拨备覆盖率分别为，景宁银座 1967%，庆元泰隆 668.6%，龙泉民泰 532.6%，常山联合 240.0%。

4. 盈利状况良好

如表 3 所示，2015 年 8 月末，按 1—8 月的数据计算的年化资产利润率，分别为，庆元泰隆 3.86%，景宁银座 3.47%，龙泉民泰 2.68%，常山联合 2.58%。这都是非常高的。即使（考虑到存贷比超 100% 的因素）减去 1 个百分点，也仍然是很高的。

这四家村行由于业绩优良，因而获得有关领导部门的赞扬。比如，衢州市有关部门说，在衢州市的四家村镇银行中，原先最不看好的是常山村行（因为经济较不发达，经营环境较差），但是，结果却出人意料，常山村行做得最好，规模也最大。又如，丽水市有关部门评价说，在丽水的 9 家村行中，景宁、庆元、龙泉等三家由民营城商行主发起的村镇银行最好，由农商行主发起的次之，而由国有大银行主发起的则殿后。

二、主要原因

1. 最根本的原因是，这四家村镇银行的主发起银行具有正确的办行理念与良好的实践能力，尤其是“支农、支小”的理念与能力

村镇银行是主发起银行的子公司，自然地，母公司的办行理念与能力，决定着村行的发展方向与业绩。

坚持“支农、支小”的市场定位，乃是办好村镇银行的中心环节。因为，这一市场定位不仅是监管部门对村镇银行的要求，更是由村镇银行自身的性质与特点所决定的。

村镇银行作为县域中新设置的银行，业务需要从头开始，到哪里去寻找大批经营业绩良好、清偿能力充足的优质客户呢？基本出路有二：一是向市场空白处去寻找；二是运用自身的竞争优势，从原有银行那里“虎口夺食”。县域信贷市场的空白处主要存在于规模以下小企业、个体工商户、农户中。村镇银行的优势主要在于决策链短，机制相对灵活；劣势主要是规模小、资金实力弱、业务与产品种类较为单一。因此，显然地，要从其他银行手中大量夺取优质公司客户是不现实的。村镇银行只有在市场空白处努力寻找优质客户，坚定地“支小”“支农”，才能较好实现贷款的安全性、流动性、效益性。

然而，要真正地做到“支农、支小”并不容易，不仅要有坚定的理念，而且要有良好的技术与机制。台州银行与泰隆银行是全国领先的小额信贷银行，主要面向规模以下小企业及个体工商户、农户放款。并且，经过长期积累，这两家银行业已形成了包含深厚的信贷文化、企业文化的银座信贷模式与泰隆信贷模式。它们管理旗下村镇银行的基本做法便是，结合当地实际移植母行的信贷模式。民泰银行是台州市“三只小老虎”之一，走的道路基本上类同于台州银行、泰隆银行。杭州联合银行是农村商业银行，本身的市场定位就是主要面向小客户与农户；并且，通过最近十几年来的改革，已经在全行初步形成“学习先进、力争上游、追求卓越”的企业精神，进而，“联合系”的村镇银行几乎每一家都冲劲十足。

需要指出，农信社在农村金融中长期处于垄断地位，与广大农民及乡村政府有着根深蒂固的联系，面对如此强大的竞争对手，村镇银行如果缺乏激

情与冲劲，是很难给农信社造成真正的竞争压力的。这种激情与冲劲的源泉，就是主发起银行的企业文化、企业精神，以及村镇银行高管人员的气质与追求。

这四家村镇银行都十分注重高管人员的“本土化”。也就是聘请、起用熟谙“支农、支小”业务的，又接受了主发起银行信贷文化的“本土”人士担任高管，从而使得村行经营能够较好地“接地气”。这对于办好村行的意义相当重大。

这四家村行的农村市场营销都十分主动、积极、刻苦，都能够深入地进村入户，开展村居化、社区化营销，并且取得良好效果。也因此，这四家村行的“支农、支小”贷款占比均高于当地的农信机构。以常山为例（见表4），涉农贷款占比、农户贷款占比、500万元以下贷款占比等三项指标，常山联合村镇银行均优于常山农信联社，只是由于农信联社有大量的“小额农户信用贷款”，以至常山联合的户均贷款及农户贷款的户均数略高于农信联社。为了深入扎根“三农”，这四家村行还进行了整村授信、整村批发，建立与发展了一批信用村。由于现行政策还不允许村集体账户开在农信社以外的银行机构，因此常山联合村行采用通过村民大会投票的方式，将4个村的村集体账户纳入自己的门下。总之，在“支农、支小”的坚定性方面，这四家村行比农信机构毫不逊色，甚至更胜一筹。

表4　常山联合村镇银行与常山农信联社的比较（截至2015年8月末）

	涉农贷款占比/%	农户贷款占比/%	500万元以下贷款占比/%	户均贷款/万元	农户贷款户均/万元	员工人均存款/万元	营业收入利润率/%	不良贷款率/%	资产利润率年化/%
村镇银行	98.1	51.8	98.0	31.91	18.26	887	42.5	1.07	2.58
农信联社	90.9	49.7	62.7	26.14	14.5	2105	20.1	2.68	1.04

资料来源：据村行与农信联社自报。

这四家村行均十分注意开发适合当地“支农、支小”需要的新金融产品，以及运用先进操作技术。它们均有银行卡和网银，并把银行卡做成多种形式以便利农户；有的行还开通了手机银行、微信银行、直销银行；等等。特别是丽水市的景宁银座、庆元泰隆和龙泉民泰，更是借了丽水市农村金融改革的东风，充分利用了金改成果。比如，全市划一的农户信用评级体系，景宁县的政银保贷款，等等。

2. 另一个不容忽视的重要原因便是地方政府、人民银行、银监局的大力支持

比如，这四家村行均获得可观的财政存款支持，比例最低的庆元泰隆也有 15.1%，最高的龙泉民泰则有 35.0%。丽水市政府主导的农金改革也大大拓宽了村镇银行的业务经营渠道。又如，中国人民银行大力增加了支农再贷款额度，由原先的占注册资本的 50%，改为资本净额的 50%—70%，这对于业绩优良的村行，是大大的利好。银监部门也在机构设置及其他多个方面给予了大力支持。

三、小结与启示

从如何办好村镇银行、促进村镇银行健康发展的角度考察，本文的主要启示如下。

（1）经济相对欠发达的地区也是完全可以办出优秀村镇银行的，尤其是目前，农村经济普遍有所发展，农民的钱袋子趋向宽松，更是如此。

（2）办好村镇银行的关键在于主发起银行，因此，为促进村镇银行的健康发展，一要尽可能地把村镇银行交给优秀的主发起银行，二要努力造就更多的优秀主发起银行。

（3）客观实践证明，优秀的主发起银行都是自身就是优秀或比较优秀的小额信贷银行，基本上都属于城商行或农商行。

（4）各有关部门应当在尊重与维护主发起银行主导权的前提下，大力支持村镇银行的发展，不断完善相关措施。目前，浙江省应当取消村集体账户只允许开在农信机构的规定（这是省里定的），可以改为允许开在法人在当地的银行机构，以便村镇银行可以通过服务质量的竞争赢得村集体账户。

试析“有效的市场”和“有为的政府”

数月前，我国学术界开展了一场关于“产业政策”的理论争鸣。在争鸣中，除“产业政策”问题外，还涉及“有效的市场”“有为的政府”等两个命题。学者们普遍认为，要实现国民经济的快速健康发展，不可缺少“有效的市场”和“有为的政府”；但是，对于这两个命题的内涵与相互联系尚未深入讨论。笔者认为，甚有必要对这两个命题深入剖析，并且深感，我国亟待完善“有效的市场”和“有为的政府”。下文中，对此阐述若干愚见。

一、“有效的市场”与“有为的政府”的基本内涵

1.“有效的市场”

什么是“有效的市场”？在现代经济条件下，所谓“有效的市场”，至少应当具备两个条件。首先，要能够有效地引导资源流向边际产出率高的领域，也就是，具有良好的结构调节功能。这是市场的基本功能，是市场的生命力之所在。其次，要能够持续稳定地运行，不至于由于发生“市场失灵”而崩溃、而爆发经济危机。

如何才能形成“有效的市场”？起码需要做好三点：市场主体要完备，

预算约束是硬的；②市场规则完备、健全，能够确保公平竞争、充分竞争；③市场的“外部性”能够得到有效的抑制，不至于引发“市场失灵”。众所周知，市场的“外部性”所带来的主要恶果有二：一是贫富差距扩大、消费需求不足；二是环境污染、生态恶化。要消除这些恶果，不可能依靠市场自身，必须依靠国家干预、宏观调控和严格立法、执法，也就是必须依靠“有为的政府”。

2.“有为的政府”

在现代经济中，政府必须“有为”，否则，市场就难以持续稳定运行。但是，“有为”，不等于政府“作为”的力度越大越好，更不能够任意“作为”。否则，实行计划经济的政府便是“最有为的政府”，否则，当年“大跃进”时代的政府更是“绝顶有为的政府”。“有为”，仅仅是指，去做那些必须由政府承担的“作为”，真正能够促进国民经济持续健康发展、人民生活质量较快提高的“作为”。这样定义的“有为”，主要有下列方面。①作为市场的“守夜人”，维护社会秩序，维护市场规则，促进公平竞争、充分竞争。②通过必要的国家干预，实施强有力的国民收入再分配政策和生态环境保护政策，抑制市场的“外部性”，防止社会贫富差距过分扩大，维护良好的生态环境，进而防止出现“市场失灵”导致的危机。这一点至关重要。尤其是，市场具有“马太效应”，若无恰当的国家干预，就会造成贫富两极分化，进而使社会消费需求不足、总需求不足，再进而引发周期性经济危机。马克思在《资本论》中称此为“资本主义积累的一般规律”。③提供其他各类公共产品。“公共产品”的内容相当广，比如，各类基础设施，又如，教育、医疗及其他社会福利，还包括向低收入家庭提供保障性住房等等。④在条件具备时，实施适当的产业政策（对私人产品生产进行选择性干预），以便对国民经济“推一把”，促进产业结构的升级。⑤努力提高政府自身的“性价比”，造就更为廉价、高效的政府。

综上，第一，“有效的市场”与“有为的政府”之间存在紧密的联系。这种联系，不是今天才有的。早在古典市场经济时代，甚至更早一些，市场的健康运行便少不了政府充当“守夜人”。随着生产力的提高、商品生产规模的不断扩大，联系也日益紧密，特别是 20 世纪 20 年代末的“大危机”发生以后，发达国家的政府先后开始意识到需要承担抑制市场的“外部性”的任务，运用财政手段调节收入分配，抑制社会贫富差距，进而使得“资本主义积累的一般规律”不再清晰显现，古典市场经济“升格”为现代市场经济。此后，政府便为市场的稳定运作提供越来越多的服务。但是，不论联系如何紧密，市场都是基础，政府则服务于市场，按维护市场正常稳定运行的需要来提供服务。唯有如此，政府的“作为”才能收到良好的效果。第二，产业政策虽然是政府“有为”的重要组成部分，但是，还不是绝对必需的组成部分，而仅仅是“条件具备”时的组成部分。个中原因，一则，“产业政策”只是对私人产品生产进行选择性干预的政策，不能与对公共产品生产的政策、与环境保护政策、与科技政策等混同。二则，“产业政策”的实质是对产业发展“推一把”，而这种“推一把”要达到“促进产业结构升级、国民经济快速健康发展”的目的，是需要条件的。首先，“推”的方向要正确，否则，效果肯定不佳。由于在产业结构的演化中，政府的认知总是相对滞后的，因而，政策受益产业，必须是被实践证明有发展前途而又符合本国资源的比较优势的，同时，其产业先进技术又是成熟和“长寿”的。因此，成功的产业政策主要出现在技术进步方式以“简单模仿”及“模仿创新”为主的“追赶”时期。其次，“推”的力度要适当，力度太大、“有保有压”太具体，效果也会适得其反。因此，在条件不完全具备时，有产业政策反而不如没有产业政策。

二、目前的主要差距

改革开放以来，我国在建设“有效的市场”“有为的政府”方面，进展巨大，成绩有目共睹。但是，与理想状态的要求相比，目前仍然有相当大的差距，主要如下。

在“有效的市场”方面。首先，引导生产要素流向边际产出率较高领域的能力尚嫌不足，以致结构调节功能尚欠到位。当前所谓的“供给侧改革”，其实质就是市场的结构调节功能欠到位，不得不采用一部分非市场手段来加以调整。其次，“外部性”未能得到有效的抑制，特别是20世纪90年代以来，社会贫富差距急剧扩大、生态环境遭受严重破坏。目前“包袱”已经十分沉重。一是贫富差距过大，基尼系数之大，不仅超过所有发达国家，而且也超过大多数发展中国家，以致消费率偏低、内需不足，社会矛盾加剧。二是环境遭到严重破坏，生态平衡被打破，像大气、水、土壤的污染都相当严重，形势不容乐观。

在“有为的政府”方面。总体状况是,“作为”的力度很大,但是存在“错位”，相当部分“作为”是不该“为”的，而相当部分应该“为”的却力度不够，甚至很不够。①在作为市场的“守夜人”方面，“维护社会秩序”基本上做得可以；但是在“促进公平竞争、充分竞争”上差距相当大，存在“行政性垄断”“地方保护主义”等等，“所有制歧视”迄今也尚未完全消除。②在抑制市场的“外部性”方面，则差距更大。不仅仅是抑制不力，而且还存在“推波助澜”作用，一些地方政府在“GDP 主义”的驱动下，往往容忍、促进那些“制造”贫富差距、环境污染的行为。进而，如前文所述，目前“包袱”已经十分沉重。③公共产品供应不足，不少本来应当是公共产品的产品，在相当程度上背离了公共产品性质。比如，教育、医疗等等。又如，基础设施的供给数量不是问题，问题在于往往收费过多，“变味”了，如高速公路等。再如，“住房商品化”过了头，为满足中低收入阶层，尤其低收入者的基本生活需要的保障性住房严重不足，商品住房则投机炒作过度。④“产业政策”方面。我国正式制定产业政策是 20 世纪 90 年代初,确认“社会主义市场经济”的改革目标后开始的。总体情况是，力度偏大，地位偏高，计划经济色彩较浓，在较大的程度上维系了政府对资产的配置权，实施效果是“有得有失”：前期，20 纪 90 年代，刚退出计划经济时“得大于失”；后期，进入 21 世纪，民营经济有了较大发展后，则“失大于得”，对于“让市场发挥资源配置的基础性作用”有明显阻碍。⑤政府运作成本越来越高，行政费用占 GDP、占财政支出的比重偏大。目前，一个县的标配，县级干部“四大班子”共有二三十人，科级单位 100 个左右，还有下属事业单位七八十个。“吃财政饭”的人如此之多，成本焉能不高?

综上，我国当前亟待完善“有效的市场”和“有为的政府”。“有效的市场”和“有为的政府”没有最好，只有更好。也就是，任何国家的现实状况与理想状态相比，都是有差距的。只不过，我国目前的差距偏大了一点，特别是对于一个准备跨越“中等收入陷阱”的国家来说,偏大了。对于上述差距，基本判断是，一方面，由于我国是从计划经济“转轨”而来的，并且“转轨”

至今尚未完成，因而存在差距有其客观必然性；另一方面，我国的改革已经进行了多年，从提出“社会主义市场经济”的改革目标算起，也有 25 年，即整整“一代人”的时间了，但是差距仍然较大，这就表明，改革进展尚不够理想，改革措施尚不够得体、不够得力。

三、应当采取的主要举措

1. 在指导思想上，应当明确两点

（1）充分认识完善“有效的市场”和“有为的政府”的重要性与必要性。完善“有效的市场”和“有为的政府”的实质就是实现经济体制的“转轨”，从根本上改变“半市场、半统制经济”状况。进而,为实现经济增长方式的“转型”提供体制保障，更是为跨越“中等收入陷阱”提供体制保障。

（2）在“完善”过程中，必须注重、突出长期效果，不宜过多地计较即期效果。因为，在一场重大变革中，要做到长期效果与即期效果俱佳是非常困难的。我们应当具有当年英国撒切尔夫人治理“英国病”的魄力和精神。唯有如此，才能成功。

2. 主攻政府职能转变

转变政府职能，让政府彻底摆脱“运动员”职能，专司“裁判员”职能，这是 1985 年初就提出来的改革任务。但是，三十多年来进展缓慢，至今尚未完成。“转变政府职能”乃是当前我国改革与发展中的核心问题。政府职能若不能实现根本转变，则不但“有效的市场”“有为的政府”完善不了，而且体制“转轨”、增长方式“转型”都是无法实现的。目前，为切实转变政府职能，应当着重做好下列工作。

（1）去“GDP 主义”。应当断然停止对地方政府的 GDP 政绩考核。只要仍然把 GDP 作为考核地方政府政绩的主要或重要指标，则地方政府实际上具有“市场主体”性质，官员从自身利益出发，行为便会发生“扭曲”。势必会过分追求“经济增长”，而相对忽视“公平正义”与“环境保护”。在处理“劳动”与“资本”的关系时往往会向“资本”的利益倾斜，而相对忽视“劳

动”的利益。这样，政府便不可能认真地去抑制市场的“外部性”，以致贫富差距持续扩大、生态环境持续恶化。同时，还会使得政府官员与民营企业主关系“暧昧”，形成一批“红顶商人”，损害市场公平竞争。停止 GDP 政绩考核后，对于地方政府的经济建设政绩，可以采用“有为的政府”的要求考核。如公平竞争、共同富裕、生态环境、公共产品供应、政府自身的廉洁高效等等。普遍停止 GDP 考核后，对于经济增长速度，即期会有一些“利空”，长期看，则是大大的“利好”。因为，经济增长速度最终得取决于资源配置的优化程度与国家的需求总量控制，而去“GDP 主义”，则是十分有助于资源优化配置的。

（2）突出“缩小贫富差距”和“生态环境保护”。因为，这不但是“有为的政府”中十分重要的环节，而且是现代市场经济与古典市场经济的主要差别，又是当前我国政府行为中的“短板”。应当争取在数年内，将基尼系数降低到 0.4 以下。为此，要加大个人所得税的调节力度，进一步“抓大放小”；要加大奢侈品包括豪宅在内的特别消费税征收力度；要进一步加大扶贫力度，用于调节社会贫富差距的资金投入应当在财政支出中占第一位；等等。要实行严格的环境保护政策，并且使之成为企业市场准入的最重要的“门槛”。要加大财政资金对生态环境的投入，促进我国老百姓对生存环境的“修复”。

（3）划清公共产品与私人产品的界限，大力增加公共产品供给。这就是说，要消除“泛商品化”，让那些本来属于公共产品的，但实际上被错误地当作私人产品或者在一定程度上当作私人产品的产品，恢复其公共产品的原来面目。比如：教育、医疗等要突出公平性、福利性；高速公路等基础设施要降低收费；居民住宅则要坚持“是用来住的，不是用来炒的”原则（这句话的真实含义是，居民住宅有一定的公共产品性质，政府有责任向低收入者提供保障性住房）；等等。

（4）简化产业政策。现行的产业政策需要大大简化。一则，由于现行产业政策继承了不少计划经济管理理念与方式，在较大程度上维系了政府对资源的配置权，实践已经证明其效果不佳，已经是失大于得。二则，目前我国已经是中上等收入国家，完全不同于 20 年前（20 世纪 90 年代初期还是低收入国家），技术进步的方式不再是基本上依靠“模仿”，而是在相当大的程度上要依靠“创新”、依靠企业家去探索；因而，产业政策的“用武之地”已经大大缩小。在“简化”时，特别要注意简化审批手续，尤其是对于民营企业的实体经济项目，主要是审查“安全”“环保”。

（5）按现代市场经济要求“定位”国有企业。国有企业改革是实现政府职能转变的重要内容。国有企业的实质是官办企业，它是政企不分、预算软约束的主体。现代经济已经充分表明，它适合于执行政策性任务的公共产品生产领域，而一旦进入竞争性强烈的私人产品生产领域，则往往显现机制欠活、冗员偏多、技术进步偏慢、效益欠佳、结构调整困难等弊端。同时，在有国企存在的领域，政府便往往难以“超脱”。因此，在发达市场经济国家中，国有企业主要存在于公共产品生产领域。20 世纪 90 年代后期，我国中央政府以“铁腕”手段“抓大放小”，解决了大批中小国有企业的“转制”问题。目前，国有大企业也面临改革，基本方向定位为“混合所有制”。要使“混改”达到良好效果，必须硬化竞争性领域国有企业预算约束，为此，需要将企业经营权完全让渡给“三会”，也就是“民营化”。而在公共产品生产领域的国企，“混改”后，仍然由国有资本掌控。这样的改革定位，是符合现代市场经济发展的要求的，也是许多学者所主张的，但是，需要理论的“支撑”，否则，就无法付之于实践。

3. 重新诠释“以公有制为主体”理论

这是一个重要的理论问题，如果得不到解决，国企改革就很难深入下去。

目前，关于所有制问题的主流观点如下。现阶段，我国的基本经济制度是，以公有制为主体、多种所有制经济共同发展。之所以要“以公有制为主体”，是因为，公有制是社会主义制度的基础，只有以公有制为主体，才能逐步实现共同富裕，才有利于社会生产力的解放与发展。这里，所有制是用所有权的法律归属来定义的。按这样的定义方法，我国目前存在两种公有制：①以国有制形式存在的全民所有制；②劳动者集体所有制，主要是归农民集体所有的土地等。其中，国有制显然更主要、更重要。

上述主流观点存在一个缺陷，就是忽视了收益权。垄断占有生产资料的基本目的就在于获取剩余价值，即物质收益。如果某个工厂，名义上归属于 A，而实际上，全部收益都被 B 拿走，A 什么也没有得到，那么，对于 A 来说，这种所有权便毫无意义。反过来，如果该工厂名义上 A 并不拥有任何所有权，但是，A 可以从工厂的利润中分得好处，即拥有一定的收益权，那么，就可以说，A 实际上拥有了该工厂的部分所有权。总之，是否拥有收益权，乃是判断是否真正拥有所有权的最重要的标志。

国有企业名义上属于“全民所有”，但是实际上又如何？是否真正是“全民所有”，还得考察其收益分配情况，看一看广大人民群众是否从中受益。处在公共产品领域的国有企业，只要其产品真正按公共产品来处理，具有“普惠性”“福利性”，使得广大人民群众都能受益，那么，就可以说，这些国有企业确实具有“全民所有”性质。在竞争性领域即私人产品领域的国有企业，由于其也是追求利润的，因而直接地要考察其是否具有“全民所有”性质较为困难。可以也应当考察，是否由于这些国有企业的存在，社会贫富差距缩小了、更趋向共同富裕了。

从上述收益分配角度考察，我国现有的国有企业的“全民所有”性质是不强的，不理想的。国际比较，目前我国的基尼系数高于所有发达国家，也高于大多数发展中国家。而这些基尼系数比我国低的国家，国有经济的比重均低于甚至大大低于我国。国内比较，国有经济比重甚高的辽宁省与民营经济比重最高的浙江省相比，浙江省不但人均 GDP、居民人均收入高于辽宁省，而且城乡居民收入差距、全体居民的贫富差距均明显小于辽宁省。这就表明，目前我国以名义上“全民所有”的国有经济为主体的经济结构，并不能有效地实现“共同富裕”，其“全民所有”的性质并不强。从而应当开辟更能够体现“全民所有”的道路。

如果我们用收益分配视角来考察、把握所有制的真实性质，那么，国企改革就可以走以下道路。在公共产品领域，国企通过“混改”，原则上都应当继续由国有资本主导与掌控，并且，产品都要真正体现公共产品性质。在私人产品领域，则应当逐步地“国退民进”，也就是通过“混改”，逐步地让民间资本取得主导与掌控地位。这种由国企“混改”而来的企业，是社会化大企业，实行现代企业制度，法人治理结构完善。其中也有一定的国有资本，但是处于“搭便车”地位。在其治理结构中，依据法律设立由职工直接选举产生的职工董事和职工监事，参与企业管理并维护职工合法权益。同时，还设有一定数量的独立董事与独立监事。这样的公司完全自主经营、自负盈亏，不再是政府的附属。并且由于企业产权清晰、效率提升，因而能够缴纳更多的赋税，政府则利用赋税收入进行“二次分配”，促进社会贫富差距缩小。

如果我们通过改革，使得基尼系数缩小，比如，降低到 0.4 以下，甚至 0.3 左右或更小，那么，社会和谐程度就会显著提高。对于广大人民群众而言，由于得到了实实在在的实惠，因而此时的经济结构的“公有制”性质便不是弱了，而是更强了，也就是，“以公有制为主体”体现得更完美了。

4. 还应当努力造就廉洁、高效的政府

目前，我国正在“铁腕”反腐，这是十分必要的，意义重大。毫无疑问，我国鉴于政府机构臃肿、公职人员队伍庞大，还需要大力精简政府机构，减少冗员，提高行政效率，节约行政经费支出。我国政府机构臃肿、队伍庞大、腐败滋生等弊端的存在，是与政府权力过大、有效监督不足分不开的。因此，为妥善解决这个问题，还需要深化政治体制改革。对此，本文就不详述了。

（此文入选“中国特色社会主义政治经济学论坛第十九届年会”，
刊载于《甘肃金融》2017 年第 12 期）

对浙江省农信联社改革方案的建议

目前，以基层农信社“股份制改造”为中心的一轮农村金融改革已经接近尾声，省农信联社的改革摆上议事日程，而且还相当迫切，成为农业农村改革的重要内容。今年，中央一号文件强调，抓紧制定农村信用社省联社改革方案。下文就浙江省农信联社的改革方案提出若干建议。

一、应当遵循三项原则

1. 有利于服务“三农”

服务“三农”，是农信社系统的基本职责；并且，不仅现在，而且在可预见的未来，农信社系统都是金融服务“三农”的主力军。因此，农信社系统的一切改革，都必须坚持有利于服务“三农”这个大方向，都必须以进一步优化对“三农”的金融服务为基本目标、为判定改革成效的基本依据。

2. 因地制宜

要切实根据浙江省经济的特点，尤其是农村经济及农信社系统的现状、特点、优势、劣势来选择改革措施。其他省（区、市）的经验、做法可供借鉴，但不宜照搬。唯有如此,才会真正有助于实现优化金融服务“三农”的大目标。

3.“有限目标”

目前，省联社“一身三任”：有独立法人地位的金融机构，类似于省政府下辖的行政机构，服务基层农信机构的大平台。地位有些尴尬，运作中，普遍性的突出问题是，行政管理职能偏强，服务职能则偏弱。进而，这一轮省联社改革的主线是：完善法理依据，逐步淡出行政管理，强化服务职能。但是，必须看到，省联社的改革是难以一步到位的。比如在浙江省，由于基层农信机构的营业区域内，仍然存在大量“支农需求”，因而，不论农信机构的名称是农商行，还是农合行、农信社，其真实性质仍然只能是“政策性金融＋商业性金融”。这也就是说,浙江省现存的“农商行”都不可能是真正意义上的“农村商业银行”，即不可能让它们成为真正由出资人控制管理的独立法人。也因此，在目前，农信系统的省级管理机构是难以完全摆脱“一身三任”格局的。能够争取做到的最好结果只能是：法理依据有所完善，管理趋向适度，服务优质到位。从而，省联社改革的目标值不能定得过高，只能“有限”。这一点，相当重要。

二、改革模式选择:“联合银行”较为妥当

早在 2007 年，银监会就在综合全国各方面的研究成果的基础上，提出了关于省联社改革的 5 种可供各地选择、参考的模式。这就是，统一法人、联合银行、金融服务公司、金融持股公司、维持省联社不变。目前，这些模式还没有过时，仍然可以作为选择、参考的基础。

根据浙江省当前的实际情况，我们认为，以选择“联合银行”较为妥当。也就是，省联社改组为，由省政府与省内各基层农信机构法人共同出资的（其中省政府持大股），具有完善的法人治理结构的，以管理、服务及“有限度经营”为基本职能的省级农村“联合银行”，并且定名为浙江省农村联合银行。如此选择的理由主要如下。

（1）实际情况表明，浙江省农信系统不宜实行“统一法人”制度。浙江省经济相对发达，特别是财政一直实行“省管县”，县域经济普遍较强。浙江

省民营经济发达，市场经济观念深入人心，经营人才众多。还有，浙江省古称“百越”，县域之间往往存在明显的语言、文化差异。以上种种，使得浙江省的县级农信机构经营活力、凝聚力较强，绩效较为良好，还涌现了一批颇有特色的优秀机构。进而，全省农信系统合计，业绩相当不错。2016 年末，农信系统的存款占全省的 1/6，贷款占 1/7，但是净利润则占 1/3；市场份额还在继续扩大，2016 年存贷款分别增长 13.95% 和 7.75%，均超过全省金融机构平均值（分别为 10.22% 和 6.98%）；年末的不良贷款率为 1.98%，低于全省平均值（2.17%）。显然，合并为统一法人不如保持两级法人。

（2）由于需要保留县级农信法人，而如前文所述，由于目前，县级农信法人还不可能是真正由出资人掌控的独立法人，因此，上级管理仍然必不可少。“金融服务公司”模式是难以满足这个要求的。

（3）浙江省多数县级农信法人的规模不大，运作中需要强大的服务后台支持，随着金融竞争的不断加剧，这一需求便更为强烈。这是“金融持股公司”模式难以满足的。

（4）联合银行模式有诸多优势。一则，能够较好地满足当前需要。该模式既能够提供县级农信法人所需要的管理与服务，又能够增强省级管理的法理依据。二则，有良好的未来空间。比如，在业务拓展上，随着金融综合经营的发展，可以向全能银行发展，或者投资组建有关的金融控股公司；在法人治理上，随着今后的实际需要，可以向国际上规范的合作银行（如德国中央合作银行、荷兰合作银行等）靠拢。三则，有利于吸引多方面的人才。

三、要致力于切实完善“省级农信”的机制

将省联社改组为“联合银行”，仅仅是实现了法理依据有所完善的目标，而要实现管理趋向适度，服务优质到位的目标，则还需要付出极大的努力，使得新问世的“联合银行”的机制真正有明显改进，而不是“翻版”的省联社。其实，这才是这一轮改革的“重头戏”，难点之所在。

目前，浙江省联社履行的职责是“三管一服务”（管方向、管风险、管班子、强服务）。从践行的情况看，还存在一些短板。未来的“联合银行”主要应当从三个方面着力改进。

1. 改进管理，使之趋向适度

要确认管理的根本目的在于提升基层法人机构的活力与绩效，而不是管牢、管得服帖，从某种角度说，管理也是一种服务。

（1）要切实做好“差异化”管理。浙江省基层农信法人机构之间的差异甚大，资产规模大小相差 40 倍，还有机构素质、自我约束能力差异，以及辖区经济、文化状况等方面的差异。因此，管理也必须适应差异，才能够获得上佳效果。尤其是对于自我约束能力较强的优秀机构，管理要宽松一些，要注意发挥其自律与创新能力，注意发挥其在农信系统中的骨干、带头作用。对于某些基层法人机构的“不够听话”也要客观分析，有时，恰恰是有活力、创新力的表现。

（2）管班子也要适度。管班子，乃是管理中的核心。一个机构能否搞好，班子，尤其是一把手，起着决定作用。但是，管理范围也要适度。对于目前的基层农商行，应当着重管理“三长”和大股东；其余人员则可以交给“三长”去管理。对于少数企业文化建设卓有成效的基层法人机构，接班的一把手应当尽量从其内部选拔，以利于优秀企业文化的传承与进一步发展。

（3）管方向，不但要抓“农、小、土”服务，而且还要努力推进基层法人机构内部机制的市场化。目前，多数基层法人机构尚未完全做到“干部能上能下，员工能进能出，岗位靠竞争，薪酬凭贡献”。尤其是“员工能进能出”，真正解决好的机构还不多。这种情况，不利于提高员工素质，不利于成本控制，不利于提高同业竞争力。应当切实重视，下功夫改变。

此外，关于“党委垂直设置”问题，恐怕还是维持现状为好。目前，“省级农信”由省政府授权而握有决定基层法人机构班子的主导权，只是在提名后，需要征询地方党委的意见。在改组为“联合银行”后，随着法理依据有所完善，这种主导权还将会有所加强。因此，应当说，征询一下地方意见是利多弊少，一则兼听则明，二则在纪检、业务拓展方面能更多地获得地方的帮助。

2. 强化服务，提升档次

（1）在理念上，一要认识到提供优质服务，做好基层法人机构想做但难以做到的事，乃是凝聚全省农信系统的最重要纽带。这会产生巨大的向心力，让任何基层法人机构，用棍子撵都撵不走。二要提高视点、扩大视野，不但为系统内服务，同时也向一切有需要的小微金融机构开放，提供有偿服务，从而赢得自身更大的发展。

（2）强化服务的重点首先是科技。目标要有足够的高度，要设定在将省内农信系统的 IT 技术的应用水平提升到省内先进地位，并且能够满足各基层法人机构的不同需要。

（3）在结算、资金营运、金融产品开发、行业经济信息等方面，也要力争上游，至少要使得农信系统在省内不落后，能够与其他银行一争高下。

3. 努力提升自身活力

（1）减弱行政化。目前，完全去行政化尚未到火候；但是，减弱一些是有必要的，办得到的。希望今后组建的“联合银行”，行政化程度不超过浙商银行；“三会”能够发挥较大的作用。

（2）遴选优秀的班子成员。办好“联合银行”的关键在于班子，尤其是一把手。应当选择懂金融、会管理、事业责任感强、熟悉热爱农村金融的人担任一把手。其他班子成员也应当是有事业责任感的热爱农村金融的人。要注重从基层农信机构选拔优秀人才进入班子，甚至担任一把手，不要拘泥于行政级别。甚至可以考虑，1/2 左右的班子成员来自基层，还可以实行竞聘。

（3）规范市办行为。市办只是总行的派出机构，不是一级管理机构。主要任务应当是及时了解情况、发现问题，并承担少量的总行委托的任务。不应当去干预、指点基层法人机构的日常运作。也就是，要发挥“眼、耳、鼻”功能，管住“嘴、手、脚”。

（4）“联合银行”总行自身的机制也要市场化，也要做到“干部能上能下，员工能进能出，岗位靠竞争，报酬凭贡献”，等等。

对金融精准扶贫的几点认识

一、金融精准扶贫的长处与局限性

扶贫，必须努力做到“精准”，也就是，要让扶贫资金进入真正的贫困人群，并且收到良好的扶贫效果。精准扶贫，不但要使用财政资金、慈善资金，而且也应当努力利用金融资金。这样，不仅能大大拓宽扶贫资金来源，而且，鉴于金融资金的“有偿性”，金融精准扶贫走的是“造血扶贫”道路，扶贫对象虽然会比“输血扶贫”艰苦一些,但是会具有更好的“脱贫致富”前景。因此，值得倡导。

但是，金融精准扶贫也具有明显的局限性。一则，它不适用于全部贫困人群。出于多种原因，贫困人群中具有“造血”能力的只有部分人，甚至小部分人。二则，金融精准扶贫对象处于信贷客户链的最低端，银行贷款的成本高、收益低，“信息不对称”又最严重，风控相当麻烦。总之，要使这类贷款实现“财务可持续”的难度甚大（实现“商业可持续”的难度就更大）。

二、金融精准扶贫是个“精细活”

由于金融精准扶贫的“政策性”很强,实施难度颇大,因而需要“精耕细作”。主要做好下列工作。

1. 划定两条界限，锁定目标人群

一是划定贫困线，区分贫困人群（能够享受“扶贫待遇”的）与非贫困人群。二是通过深入调查，摸清楚贫困人群中尚有“造血”能力的人群。这个群体是金融精准扶贫的目标人群。

2. 在当地政府的主导下，制定切合当地实际的可操作的金融精准扶贫办法

一般地，可以以县级行政区为单位，由当地政府牵头主持，央行协助，银监会、涉农银行机构及其他有关单位参加，制定符合当地实际的可操作的信贷精准扶贫办法。对贷款对象的选择、贷款的审批流程、贷款的利率与支付、贷款的风险防范措施与责任等都要做详细规定。关于贷款利息，一般地，应当全额贴息，100% 由财政资金（包括慈善资金）支付，也可以接近全额贴息或者略高于全额贴息。要规定银行由于发生不良贷款而造成亏损时，政府负担的比例。如果同时能够引入保险资金，那就更好。

3. 在实施时，要稳妥前进，切忌操之过急，切忌“运动式”“一刀切”

在推进贴息扶贫贷款时，要遵循自愿原则，让贫困户自己选择，是继续领取政府发给的贫困补贴，还是改为接受贴息扶贫贷款。要通过深入的宣讲，使得广大目标人群了解贴息扶贫贷款，更要通过“先行者”的示范效应来影响目标人群。同时，还应当根据推行中发现的问题，适时修改完善扶贫贷款办法。

三、地方政府的“精神”是成功关键

金融精准扶贫要获得成功，关键是地方政府要有一股“精神”。因为在金融精准扶贫中，地方政府处于核心地位，是“司令官”，还是“金主”，央行等金融行政机关只是提供技术支持的“参谋长”。地方政府要组织有关部门深入调查当地“目标人群”的情况，要牵头搭建当地的金融精准扶贫平台，并且协调参与金融精准扶贫的各个部门、单位的工作，还要提供用于贴息和处置不良贷款的资金，诸如此类，工作量颇大。再加上“目标人群”居住相对分散，相当部分还住在深山老林中，这就更增加了工作的难度。总之，这是

一项“累、苦、杂、细”的活。地方政府要干好这个活，没有一点“精神”是不行的。地方政府必须有认真、实干精神，有竭诚为“三农”、为低收入贫困农户服务的精神，能够从实际出发干实事，能吃苦，敢创新。

四、一个范例——浙江省丽水市景宁县的“政银保”扶贫贷款

目前，各地通过实践，创造出一批“金融精准扶贫”的优秀范例，其中之一便是2011年问世的浙江省丽水市景宁畲族自治县的“政银保”低收入农户发展扶贫贷款（下文简称“政银保”扶贫贷款）。

1. 实施背景

景宁位于浙西南山区，人口17.2万人，经济欠发达，是浙江省6个重点欠发达县之一。2010年，全县家庭人均收入4000元以下的低收入农户有6463户18195人，占全县总人口的10.58%。

丽水市基于“三农”占比较高、金融需求不断增加的实际，从2006年开始，先后组织实施了“信贷支农”“信用惠农”和“支付便农”三项金融支农工程。工作扎实，效果明显，有效破解了金融支农瓶颈，同时还形成了一股“丽水精神”：从实际出发干实事，能吃苦，敢创新，竭诚为“三农”、为低收入贫困农户服务。

2009年10月，景宁县建立了全省首个保险服务民生示范区，围绕“三农”“民安”“民富”“民生”“保险生态环境优化”五项发展计划，积极探索富有景宁特色的保险产品。

2011年，浙江省委、省政府出台特殊扶持政策，要求景宁等6个重点欠发达县“到2013年，全县低收入农户80%以上家庭人均收入要超过4000元，2500元以下农户基本消除”。为此，省财政每年安排2亿元用于景宁县群众增收致富奔小康工程，其中1000万元安排直补低收入农户。

景宁由于贫困户数量多，可用于直补的资金少，简单地分下去，人均数量很少，扶贫效果十分有限。为了有效发挥扶贫资金“四两拨千斤”作用，实现从“输血”转变为“造血”，景宁县有关部门一直在探索“低风险、广惠农、可复制”的低收入户扶贫致富贷款模式。

2. 出台过程

县农办的调查显示，在 6463 户低收入农户中，有 56.6% 需要通过社会救济实现脱贫，而另外 43.4% 则具有“造血”能力，可以通过产业扶持实现增收致富。这 43.4%，就是“金融精准扶贫”的对象。

进一步调查发现，有相当多的低收入农户有强烈的创业致富意识和愿望，也有田有山，还有相关部门的技术支持，但缺少创业启动资金，以及取得贷款的有效抵押物。

针对上述情况，景宁县谋求保险公司的帮助，对贷款进行保险。在浙江保监局的支持下，取得了人保财险总公司的项目试点批准。进而，县政府与人保财险公司、涉农金融机构（农信联社、邮储银行）三方共同出台了《景宁畲族自治县低收入农户致富奔小康小额贷款项目保证保险合作协议》，推出了全省首创的“政银保”扶持低收入农户发展贷款模式。2011 年 7 月下旬，首先在大际乡和鸬鹚乡开展试点。在两乡试点经验的基础上，县政府成立由中国人民银行、农办、致富办、财政局、农业局、农信联社、邮储银行、人保公司组成的工作小组，深入各乡镇进行宣传发动，开展现场指导和集中办理，全面推进该项扶贫贷款。

3. 具体做法

贷款对象：家庭人均收入不足 4000 元的低收入农户，必须具有完全民事行为能力，有致富意愿并选择了适合的发展项目，遵纪守法，诚实守信，无不良信用记录。

贷款用途：限于发展种养业、农产品加工和营销、来料加工业、农家乐休闲旅游业、电子商务等项目。

贷款额度：不超过 5 万元。

贷款期限：1—3 年。

申请流程：农户申请→村（股份）经济合作社、乡镇签署意见→县农办资格审查→金融机构办理（包括保险公司办理担保手续）。

风险控制：由保险公司为贷款提供保证保险，并由村（股份）经济合作社提供“信用保证”。“信用保证”指，若低收入农户出现不良贷款，要取消其“信用户”资格及其享受该项政策的资格，连带取消该村的信用村评定资格及该村其他低收入农户享受该项政策的资格。一旦贷款损失，由放款银行与保险公司“三七开”。

贷款费率：贷款实行基准利率，保险费年率为2%。

费用支付：贷款利息与保费均由县政府承担。贷款银行不向贷款对象收取利息，直接向财政申请，经县财政、县农办审核后，据实结算拨付。保险公司也一样。并且，为调动两家承办银行机构的积极性，县财政按照贷款新增农户数，给予承办银行机构每户200元的补贴奖励，同时还将风险补偿基金存放于承办银行机构中。

4. 效果与发展

实践表明，这种政府、银行机构、保险公司三方合作的“政银保”机制，是切合实际的，形成了多方共赢的格局，从而是有生命力的。首先，为真正有创业资金需求的低收入农户降低了贷款门槛，促进了一大批低收入农户走上创业致富奔小康之路。到开办两年后的2013年6月底止，已经向全县1732户低收入农户发放贷款5000多万元，每笔近3万元；扶持1070户低收入农户发展各种种植业11120亩，家畜（禽）养殖3.3万头（只、羽），食用菌460万袋；扶持57户低收入农户发展农家乐、运输、小商品经销、加工等各种致富项目。其次，也大大提高了省扶持资金的使用效益。在上述5000余万元贷款中，政府两年仅支出贷款贴息260万元和保险费用100万元。平均一年不到200万元。与此同时，不良贷款仅发生过两笔，合计5万元左右。

在2011—2013年成绩的基础上，“政银保”扶贫贷款加大了发展力度，制定了2014年1月—2016年12月的“第二轮”实施方案。与2011年的“第一轮”方案相比，“第二轮”方案在多个方面有所发展。一是扩大了贷款对象范围。低收入农户的标准由家庭人均收入不足4000元提高到5500元，进而，户数达到16362户47740人，占全县总人口的27.55%。二是提高了贷款额度，由不超过5万元提高到不超过10万元。三是开发了新产品，即增加了“低收入农户家庭大学生创业贷款”（额度不超过5万元）和“股份合作制改革到位的村级经济合作社产业发展项目贷款”（额度不超过100万元）。四是贷款利率允许适当上浮，最高不得超过 20%。五是针对贷款对象扩大后的实际情况，担保方式也“发展”了，除了由保险公司保证保险外，增加了林权、农房、土地承包经营权抵押和放款银行认可的其他担保方式。六是增加了财政资金安排。计划三年中合计安排财政资金投入 3300 万元，每年 1000 万元左右，远远多于“第一轮”。

2017 年，则按“第二轮”办法继续顺延一年。

2016 年末，该项贷款共 2254 笔，金额近 1.30 亿元，每笔平均 5.75 万元。2017 年 5 月末，该项贷款共 2553 笔，金额约 1.47 亿元；每笔平均 5.76 万元。

表 1　2014—2017 年景宁县“政银保”扶贫贷款金额

时间	贷款笔数	贷款金额 / 万元	户均贷款 / 万元	不良率 /%
2014 年 12 月	940	5473	5.82	
2015 年 12 月	2304	12149	5.27	
2016 年 12 月	2254	12955	5.75	
2017 年 5 月	2553	14705	5.76	0.06

另外，统计数据表明（表 2），从 2007 年丽水市正式启动农村金融改革以来，景宁县的农村居民人均收入的增长速度便快于全省农村居民人均收入增长速度及景宁县城镇居民人均收入增长速度[①]；而在 2011 年“政银保”扶贫贷款出台后，景宁县农村居民的人均收入增速又进一步加快了。2006—2010 年，景宁县农村居民人均收入从相当于全省平均值的 49.52%，上升到 54.87%，平均每年上升 1.3 个百分点；景宁县城镇居民人均收入与农村居民人均收入之比从 3.25 倍降为 2.89 倍，平均每年降 9 个百分点。2010—2016 年，景宁县农村居民人均收入从相当于全省平均值的 54.87% 上升到 65.55%，平均每年上升 1.78 个百分点；景宁县城镇居民人均收入与农村居民人均收入之比从 2.89 倍下降为 2.07 倍，平均每年降 16 个百分点。这就从另一个侧面印证了其扶贫效果。

① 此前是“慢于”，如农村居民人均收入与全省平均值之比，2002 年是 53.64%，2006 年降为 49.52%。

表 2　2006—2016 年景宁县的城乡居民收入差距

	2006	2007	2008	2009	2010	2011	2012	2013	2014	2015	2016
A 景宁县农村居民人均收入/元	3632	4055	4810	5409	6202	7412	8384	9466	12432	13663	14989
B 景宁县城镇居民人均收入/元	11798	13320	14932	16197	17901	20315	22862	25332	26152	28296	30899
C 浙江省农村居民人均收入/元	7335	8265	9258	10007	11303	13071	14552	17494	19373	21125	22866
A/C/（%）	49.52	49.06	51.96	54.05	54.87	56.71	57.61	58.77	64.17	64.67	65.55
B/A/（倍）	3.25	3.28	3.10	2.99	2.89	2.74	2.73	2.68	2.10	2.07	2.06

关于进一步落实“房住不炒”的若干建议

“住房贵、泡沫大”，使得“住房问题”成为当前民生中的“一座大山”。不但扩大了社会贫富差距、严重助长了“不平衡”的矛盾，民众怨言甚多，而且潜藏着巨大的经济、金融风险隐患，因此，必须解决好。

解决好“住房问题”的基本出路在于认真落实习近平总书记提出的“坚持房子是用来住的，不是用来炒的定位”。这一“定位”的实质是：确认住房具有一定的公共产品性质，并不是纯粹的私人产品。

在党的十九大报告中，当习近平总书记再次强调要坚持这一“定位”时，全场掌声雷动，持续时间之长为十九大报告中之最。可见，这一“定位”不仅正确，而且深得民心；同时还显示，解决好“住房问题”具有强烈的现实迫切性。

自从 2016 年 12 月中央经济工作会议将习近平总书记提出的这一“定位”写入会议决议后，从中央到地方，为落实这一“定位”，做了不少工作，取得了初步效果。比如，开放并发展住房租赁市场；又如，从多个方面强化对商品房市场的调控；等等。进而，目前房价已经出现松动。8 月份，一、二线热点城市房价全面环比下调；9 月份，同比数据也开始出现拐点。但是，应当看到，要根本解决好“住房问题”还任重道远，还必须进一步努力，切实加大综合措施力度。对此，笔者支持大力发展住房租赁市场，支持强化对住房市场的调控，支持银行从严控制房贷风险；等等。同时，建议增加下列措施。

一、大力发展并且规范管理保障性住房

应当看到，没有保障性住房的大量发展，我国的“住房问题”是难以妥善解决的。从目前的实际看，大力发展并且规范管理保障性住房，应当成为现阶段工作的一个重点。

在20世纪90年代推出“住宅商品化”改革时，就将住房分设为廉租房、经济适用房、商品房等三类，前两者都属于保障性住房。这种分设是正确的。但是，在后来的实施中，出于多种原因，保障性住房的发展被严重忽视，数量严重不足，管理也欠规范。这种局面，亟待扭转。

廉租房，一律由当地政府专设的公营机构管理；专门为低收入群体包括外来务工者服务；单套面积可为20—50平方米，上限为50平方米左右；只租不卖；不得转租；租金要含有财政补贴，切实体现“廉租”。

经济适用房，由房管部门或者专设机构负责管理；服务对象是当地户籍人口中的中低收入者及部分中等收入者；单套面积要有上限，可为80平方米左右（大二室一厅或小三室一厅）；每个核心家庭限购一套，当另购商品房时，原有的经济适用房必须转让；经济适用房不得进入商品房市场，出让时，只能以经济适用房的价格通过专设机构让渡给有资格购买经济适用房的家庭。

各地应当大力发展保障性住房，实现充沛供给，不再需要摇号、等候。

二、要向“高端”住房征收“消费税”，补贴廉租房

这件事应当马上着手做。

众所周知，商品房，按其“质量”与价格，可区分为普通商品房和豪华商品房。对于豪华商品房，应当每年征收特别消费税，税率可为房产时值的1%—2%。这部分税收的收入全部用于补贴廉租房。这样做，既有助于缩小社会贫富差距，也有助于廉租房的运作。这种做法符合世界经济发展的经验与惯例，在我国当前对贫富差距的调节力度还十分不足的情况下，更具有良好的社会效果。

对于占用普通商品房面积特别多的家庭，比如在剔除出租并缴纳税金的住房后，平均每个家庭成员超过 120 平方米者，其超过部分也应当每年征收特别消费税。

三、应当允许小产权房有条件“转正”

小产权房能不能“转正”，始终是当前住房政策讨论中一个绕不过去的问题。

小产权房，是指在农村集体土地上建设的房屋，未缴纳土地出让金等费用，其产权证不是由国家房管部门颁发，而是由乡政府颁发，亦称“乡产权房”。该类住房没有国家发放的土地使用证和预售许可证，购房合同在国土房管局不会给予备案，其产权证亦不是真正合法有效的产权证。所谓“转正”，就是承认其产权证合法有效，有着与大产权房产权证同等的法律效力。

笔者认为，把小产权房统统视为违法，一刀切地拒绝小产权房“转正”，肯定是不妥当的。首先，这是对农村集体土地所有权的侵犯。土地出让金是购房者为取得国有土地 70 年使用权的代价。既然国家可以将国有土地的使用权有偿让渡，那么，农村集体也应当有权将集体所有土地的使用权有偿让渡。至于农村集体以什么方式与价格让渡，则决定权属于交易双方尤其是农村集体。其实，在小产权房的价格中，实际上已经包含了土地使用权的让渡费用。进而，小产权房的由乡政府颁发农村集体土地使用许可证应当与由国土房管局颁发的国有土地使用证一样，具有相同的法律效力。因为，两者都是购房者通过“有偿让渡”而取得土地使用权的凭证，只不过，出让方分别为国家和农村集体罢了。因此，把由乡政府颁发的农村集体土地使用证视为“不是真正合法有效的产权证”的做法，显然是对农村集体土地所有权的严重侵犯，必须从速纠正。其次，一刀切地拒绝小产权房“转正”，不符合党的十九大报告的要求。十九大报告中指出：“加快建立多主体供给、多渠道保障、租购并举的住房制度。”这里的“多主体”“多渠道”显然应当包含农村集体；并且，也只有包含“农村集体”，“主体”“渠道”才能够真正地“多”起来。

当然，“转正”也必须“有条件”“讲规则”；否则，就会“一哄而起”，造成混乱。主要规则可以如下：①基本农田必须确保，不得占用；②要符合国土规划，先行申报，不得“先斩后奏”；③土地使用权的让渡要清晰、有序，比如交易凭证要载明让渡的年限、费用等等。可以考虑，先制定一个“条例”，然后再启动。

四、公务员不应当有特殊待遇

目前，不少地方的公务员实际上继续保留着“福利分房”制度。他们可以以经济适用房的价格购买100多平方米的大房子，并且购买后可以在商品房市场上出售，还可以上商品房市场购买第二套、第三套房。这样的做法是欠妥当的。一则，不够公道，老百姓颇有微词。二则，公务员由于自身的住房不困难，因而难以深切体味普通百姓的“住房难”，进而也就难以做到尽力去消除老百姓的“住房难”。

显然，上述待遇应当取消。符合条件的公务员可以购买经济适用房，但是应当遵守与普通百姓一样的规则。

五、对于外国人购房，还是应当限制

外国人可以购买本国的房地产吗？国际上没有“定规”，各国的做法有所不同，有相当部分国家是不允许的，比如泰国就是。

我国的政策则几次变化。起初，没有“限外”的规定。2006年开始“限外”，明确规定境外机构在境内设立的分支、代表机构和在境内工作、学习时间超过一年的境外个人，可以购买符合实际需要的自用、自住的商品房，不得购买非自用、非自住商品房。2015年又取消了上述“限外”规定。

上述几次政策变化都有着明显的即期调控痕迹。笔者认为，对于外国人购房的政策以稳定为好，要着眼于长远，不要受即期调控的影响。根据我国的资源禀赋与经济发展实际状况，尤其是在住房租赁市场发展之后，以采取泰国那样的政策为好——外国人只能租用，不允许购买。

在彻底“限外”后，外国人已经拥有的房产应当转让给中国人，可以规定一个宽限期，比如3年。对于今后入籍外国者，则要求其在3个月内将住房转让给中国人，超过期限则强制拍卖。

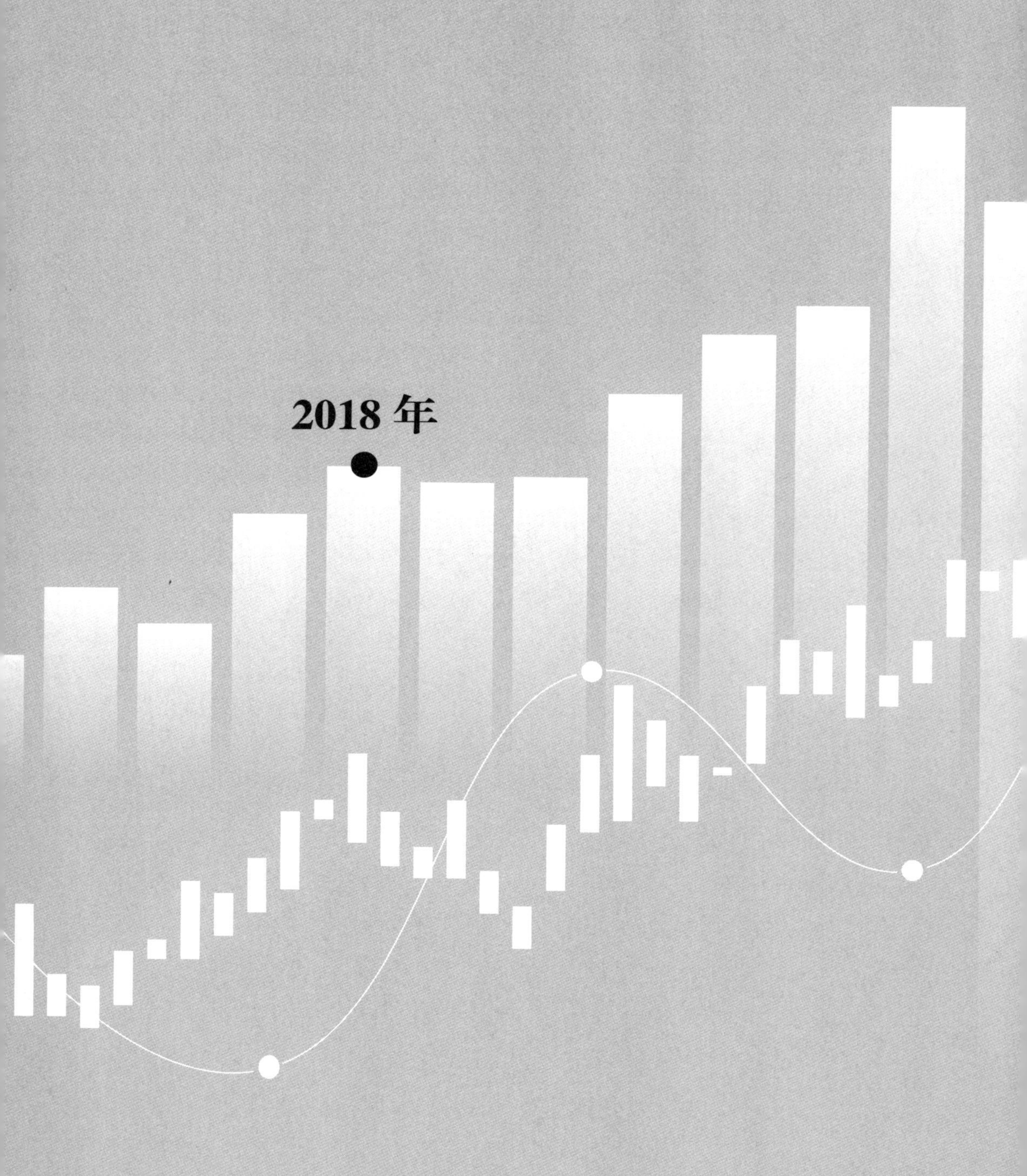
2018 年

房产税：应当合理定位、冲破阻力、从速推出

房产税是中国特色社会主义房产制度中不可或缺的组成部分，其最重要的功能，既不是财政增收，也不是打压房价，而是通过调节住房消费，缓解“住房难”，缩小社会贫富差距、促进社会公平和谐。我国的房产税就应当按此目标要求来设计、完善、实施。

目前，房产税一方面有迫切的出台需要，另一方面又十分“难产”。虽然酝酿了多年，上海、重庆的小规模试点也已进行了 6 年多，征税的基本原则（征多、征优、免基）据说也早已确定，可是，始终“只听到楼梯响，不见人下来”，迟迟出不了台。显然，开征的阻力甚大。人行参事盛松成说：“房产税太复杂、太敏感，短期内很难全面推广。”

开征房产税的阻力来自何方？主要来自富裕阶层，即那些（当然不是全部）拥有大量房产的富豪与富裕人士。他们是房产税的主要承担者。他们有钱有势，话语权很大，有的甚至身居重要岗位手握政策制定权。他们不断制造障碍与压力，阻碍房产税出台。其主要手法有三。第一，抓住法理依据中的缺陷进行打压。这就是，在现行的土地制度下，房产的产权是不完整的，房产的业主不拥有相应的土地的所有权，而仅仅只有 70 年的土地使用权，因而，向房产业主征收财产税的法理依据不足。第二，提出一些耸人听闻的观点来进行

阻吓，比如：房产税可能是未来中国经济中最大的灰犀牛；开征房产税就是对40年改革开放成果征税，会造成社会阶层的割裂，会引发对产权保护的怀疑；等等。第三，把房产税渲染成凡是拥有房产者都要缴纳的税种，以引发广大中等及以下收入者的恐惧与反弹，进而达到阻止房产税出台的目的。

客观地说，第一点是有道理的。在现行的土地制度下，若按照财产税来征收房产税于理是不通的，不论如何辩解，法理依据都是不足的。第二点则是完全不能成立的。只要设计合理，开征房产税，只会有助于缩小社会贫富差距，增进社会公平和谐，而不是相反；进而，便会增进内需、促进经济成长。总之，房产税完全能够成为“白天鹅”，而非“灰犀牛”。第三点则是在糊弄公众。按照目前的实际国情，房产税是一种“富人税”，需要纳税的居民不会超过20%，绝大多数老百姓是摊不上的，中等及以下收入者完全不必担心。

笔者认为，目前开征房产税的条件基本成熟，应当遵循下列思路推进：在合理定位的基础上，冲破阻力，从速出台。具体要点如下。

（1）现阶段开征的房产税的性质不是财产税，而是消费税。也就是向住房高消费、超前消费、奢侈性消费征税，并且税收收入全部用于补贴“保障性住房”，进而缓解“住房难”。

（2）作为消费税逻辑的自然结果，这是一种“富人税”，主要向富裕阶层征收。普通住宅的基本住房免征额可为人均（丧偶者、独生子女、大龄单身者均按2人计算）50—60平方米，超过部分要纳税，税率可为0.5%—2.5%，实行累进制。豪宅，必须纳税，无免征额，税率随面积累进；并且，豪宅的面积超过基本住房面积的部分，须“双重纳税”。房产价值可按上年末的市场价格计算。征税面控制在20%以内。

（3）租房者也是住房消费者，按照租售同权同责的原则，也需按同样的标准缴纳住房消费税。当然，承租人与出租人不能重复征税。

（4）要求一、二线城市在1—2年内出台，三、四、五线城市则可以根据实际情况相机出台。在住房信息全国联网还欠完善的情况下，暂时尚未联网的那部分住房信息，可先由业主自行填报，如果今后发现瞒报、偷税，可追溯处以数倍的罚金，并且作为不良信用记录载入个人征信系统。

（5）中央政府应当督促地方政府从速完善“保障性住房”体系，切实克服数量不足、管理不规范、未考虑外来务工者等问题，并且严格考核，进而推动地方政府（为了筹措“保障性住房”资金）加速出台房产税。

放开数量、管好质量、鼓励二孩
——我国人口政策急需调整

开年，一方面传来好消息：2017 年我国经济形势总体不错，成长速度超过预期，尤其是出口对经济增长的贡献同比上升 1 个百分点，由负值变为正值。但是另一方面，也传来坏消息。这就是：放开二孩后，未能阻止人口出生率的下降。2017 年，我国出生 1723 万人，比 2016 年减少 63 万人，出生率仅为 12.43%，同比下降 0.52%，比日本还低。原卫计委曾经预计，放开二孩后，出生率的高峰为 2018 年，2017 年最低会出生 2023 万人，而实际上少了整整 300 万人。

目前，我国每个妇女生育孩子 1.7 个，远远低于实现人口世代平衡所需要的 2.1 个。因此，人口出现负增长是迟早的事情。

人口增长停滞甚至负增长，只要态势平缓，并非完全是坏事。然而，如果是急剧下降，雪崩式坍塌，那就肯定是大灾难。目前，我国正面临这种危险。联合国人口署最新发布的《世界人口展望》2017 年修订版，预计 21 世纪内，中国人口将出现“倒 V 形”反转，在低生育率下加速下滑，21 世纪末将跌破 10 亿人，降低到 6.13 亿人。我国人口学者梁建章日前也撰文称：随着生育堆积结束后育龄妇女数量锐减，出生人口将在 2018 年进入雪崩状态，在之后十年，将以每年减少 30 万到 60 万人的速度萎缩。

显而易见，我国的人口形势是十分严峻与危险的。笔者认为，目前我国急需人口政策的主要目标转移到阻止“雪崩式下滑”上来。为此，在最近 3—5 年内，人口政策的基本思路应当是：放开数量、管好质量、鼓励二孩。

首先，放开数量。除了控制智障孩子出生以外，不再限制每个家庭的孩子数量。

其次，管好质量。要尽量减少残障婴儿出生，要尽量使每个孩子都能够得到良好的教育并且成才。主要措施是：

（1）要把先天不健康的儿童数量减至最少。为此，一要实行严格的强制性婚检，检查内容要尽量完善，费用全部由国家负担，婚检不合格，不能登记结婚。二要十分重视妇女怀孕期间的保健。

（2）从根本上解决好“留守儿童”问题。各地政府要向外来务工者提供廉租房，并且让外来务工者的子女享有与户籍人口同等的受教育权利。农民到城市务工，为城市创造 GDP，为城市的发展与繁荣做贡献，理所应当享受户籍居民同等的待遇。唯有如此，才能有健康的“城市化”。

（3）进一步改善农村居民（尤其是贫困人群的子女）的教育条件，进一步实现教育资源分配的公平化。

（4）进一步关注残障儿童的生活与教育，让他们也能够得到良好的成长与发展。

再次，鼓励二孩。目前，应当对二孩实行国家鼓励政策。每个育龄妇女的第二个子女，均可享受由国家买单的医疗保险及每个月不少于 500 元的生活补助，直到 18 周岁。至于三孩及以上，是否也实行“鼓励政策”，则可以在 3—5 年后根据实际情况再作决定。

居民储蓄存款负利率再次出现，亟待纠正

据国家统计公报，2017 年我国的 GDP 达到 83.2 万亿元，比 2016 年（74.64 万亿元）实际增长 6.9%。由上述数据可知，2017 年的 GDP 平减指数为 3.98%。也就是，2017 年的通货膨胀率为 3.98%。这一数据表明：一则，目前我国已经处于轻微通货膨胀状态，需要警惕通货膨胀势头上升；二则，我们目前已经存在相当严重的居民储蓄存款负利率，亟待纠正。

目前，居民一年期存款的年利率为 1.50%。虽然，名义上，从 2015 年 10 月 24 日起，商业银行可以自主决定存款利率的浮动幅度，央行不再设置浮动上限。但是，实际上，只允许上浮 40%，超过了，央行就要进行“窗口指导”。因此，实际上，居民一年期储蓄存款的利率最高只能是 2.10%，低于通货膨胀率将近 2 个百分点。工商银行等大银行由于储蓄存款利率上浮幅度小，负利率就更为严重。

一种观点认为，储蓄存款利率只要不低于 CPI（居民消费价格指数），就不是负利率。这种见解是片面、不合理的。CPI 仅仅是下游产品价格指数，虽然这些产品与公众的关系比较直接、密切，但是，毕竟只是社会中部分产品的价格指数，不能完整、准确地反映货币贬值的程度。能够完整、准确地反映全部社会产品的价格指数是 GDP 平减指数。因此，在做规范的经济分析

时，通货膨胀率都是指 GDP 平减指数。当 GDP 平减指数明显高于 CPI 时，通常就意味着物价上涨的源头在于上游产品（目前就是如此），这时，上游产品的价格上涨迟早会传导到下游产品去。总之，在判别是否存在储蓄存款负利率时，首先应当考察 GDP 平减指数，其次再考察 CPI。

由表 1 可知，居民储蓄存款负利率的再次出现，是 2017 年以后的事情，2015 年、2016 年并不存在。由于 2016 年冬，PPI（生产者物价指数）出现大逆转，以至于造成通货膨胀率出现较大幅度上升。上游产品价格的大幅度上涨，必然会向下游传导。对此，不能也不应当有丝毫侥幸。

表 1　2015—2017 年物价指数

年份	GDP/ 亿元	增长率 /%	平减指数 /%	CPI/%	PPI/%
2017	827122	6.9	3.98	1.6	6.3
2016	744127	6.7	1.20	2.0	－1.4
2015	689100	6.9	－0.18	1.4	－5.2

资料来源：国家统计局公布的有关资料。

众所周知，居民储蓄存款负利率的害处很大。首先，这是对存款人的“剥夺”。目前，三个月的 Shibor（上海银行间同业拆放利率）为 4.72% 左右，余额宝的 7 天年化利率为 4.3% 左右，而一年期储蓄存款利率则最高只有 2.10%，很不公平。其次，更为严重的是，会扩大社会贫富差距，加剧两极分化。因为，在储蓄存款负利率中“受伤”的主要是一些小额存款户，他们是穷人、中低收入者。而富人则由于拥有的资金数量大，因而有更多的选择，甚至可以直接与银行谈判“协议存款”、信托存款。更有的富人，是贷款户而非存款户。再次，由于当前出现负利率的主要原因，不是来自市场，而是来自行政，即储蓄存款利率实际上的非市场化，因而，其危害性就更大。

总之，笔者认为，应当尽快采取有力措施，纠正储蓄存款负利率。主要建议如下：

（1）国家宏观管理部门应当切实重视这个问题，并采取得力措施。

（2）切实调整“窗口指导”标准。为了防止银行之间出现吸收存款的恶性竞争，适当的“窗口指导”还是需要的。但是，像现在这样的一刀切不准超过 40% 的做法，是不可取的。建议改为，上浮后的一年期储蓄存款利率，不得高于该银行的贷款实际收息率（贷款利息收入 / 贷款平均余额）。这样的更改，要求监管工作“精细化”，监管部门会辛苦一些，但这是应该的。

（3）央行应当适时、适当调高存款基准利率。

我国亟须加速建设“三项经济”

一、“三项经济”的基本内涵

“三项经济”是指信用经济、“平衡”经济和创新经济。它们是实现“高质量的发展”的必要条件。

信用经济。它是现代市场经济中的高级形式。在信用经济中，完善的征信制度与有力的惩戒规则，使得良好的信用记录成为个人、企业正常生存、发展的必要前提与基本资源。进而，由于社会生活中普遍讲究诚信，以至于交易成本大大下降，人们的生活质量也大大提高。

“平衡”经济。也就是“和谐经济”。它是指实现了人与人的“平衡”、人与自然的“平衡”的经济，也就是，能够将社会贫富差距控制在适度范围内的、能够保持良好的生态环境的经济。这是一种具有良好的“可持续发展”前景的经济。

创新经济。它是指技术创新能力强、技术进步快速，以创新为主要驱动力的经济。一个发展中国家，随着经济发展水平向发达国家靠拢，“后发展优势”会越来越弱；进而，如果不能及时进行技术创新，那么，势必会出现经济增长乏力、发展停滞。

二、加速建设“三项经济”的必要性

一则，下一步我国要实现全面小康，跨越“中等收入陷阱”、进入高收入国家行列。为此，就需要实现“高质量的发展”，彻底摆脱传统的“速度型发展”。要做到这一点，众所周知，就需要彻底转变经济增长方式。怎样转变，转向何处？比较完整的提法就是，造就较为完善的信用经济、“平衡”经济、创新经济。

二则，纵观世界，那些高收入发达国家，尤其是幸福指数、清廉指数高的国家，“三项经济”都建设得相当完善。反之，那些栽倒在“中等收入陷阱”里的发展中国家，“三项经济”的建设均存在严重缺陷，或者其中一项、二项差距极大，有的甚至三项均差距极大。总之，世界经济实践证明，相对完善的“三项经济”，乃是进入高收入国家行列的基础条件。

三则，目前我国“三项经济”的完善程度甚差。信用经济方面，社会中诚信程度低，行为缺乏“底线”，充满着“不信任”“以邻为壑”等情况，因而社会交易成本大大上升。比如，大家关切的食品安全问题，主要原因就在于“不诚信”；P2P 之所以雪崩式地倒下，就是因为缺乏其生存发展的必要基础——信用经济。“平衡”经济方面，差距是最大的。贫富差距之大，已经使得整个社会在一定程度上被撕裂，基尼系数恐怕远不止统计局公布的 0.47。环境污染也相当严重，大气、水源、土壤都有重大问题。创新经济方面，情况稍好一点，2017 年，我国的创新指数名列世界第 22 位，申报的专利数量还居世界首位。但是，总体上看，我国的创新水平还不高，工信部苗圩部长指出，我国制造业的技术水平在世界上还处于第 4 档次。还有，目前我国经济增长的主要推动力还是投资，即要素投入，而非技术创新。显然在“三项经济”上，差距还是很大的。如果上述情况没有巨大改变，那么，要跨越“中等收入陷阱”，恐怕是很困难的。

三、加速建设“三项经济”的主要思路

目前，实际上我国已经在开展“三项经济”的建设，只不过，当前需要切实加快这项建设。主要思路建议如下。

1. 经济管理当局应当进一步认识到建设“三项经济”的重要性

它们是“转换经济增长方式”的基本内容，离开了建设“三项经济”，就谈不上“转换经济增长方式”了。

2. 关于加速建设信用经济

加快完善社会征信系统。除了“借钱不还”，还应当将其他各种造假、欺诈行为（包括在微信、微博上制造假新闻）纳入信用记录；要加大社会征信系统对公众的开放程度，并努力完善相关的惩戒制度，使社会征信系统逐步在全部经济生活中发挥应有作用。

企业的造假、欺诈行为要纳入法人代表及有关责任人信用记录。

惩治企业产品造假、偷工减料等不法行为，始终是重点之一，要通过严厉惩治，树立中国产品的诚信、可靠形象。

政府要做表率，带头重信用、讲诚信，政府的工作允许出现某些差错，但是不能允许向公众撒谎。公务员不能有不良信用记录，否则，要停职，情节严重的，要清退。

3. 关于加速建设“平衡”经济

要采取得力措施缩小社会贫富差距。当务之急是尽快缓解住房、教育、医疗、养老等问题。地方政府要向外来务工者提供廉租房，并且让外来务工者的子女享有与户籍居民同等的受教育权利（唯有如此，才能使农民工真正“城市化”，同时，这还是关系到国家、民族前途的大事）。要妥善解决好外来务工者的养老社保问题。

为改善“一次分配”，要努力设法让“劳动”在企业的工资决定中发挥应有作用。

对高消费、奢侈消费、超前消费征税，甚至征重税，是调节社会贫富差距的必不可少的重要内容。允许富人高消费、奢侈消费、超前消费，但必须缴纳重税。当前征税的重点是豪宅、豪车、私人飞机、私人游艇等等。

大力治理污染，倡导“绿色发展”，优化生态环境。不但要增加环境治理的投入，而且要进一步完善相应的法制，还需要进一步明确各地的“一把手”

为当地生态环境的第一责任人，并进行严格考核。

4. 关于加速建设创新经济

目前，国家政策鼓励创新创业，李克强总理还发出了“大众创业、万众创新”的号召，各级地方政府则纷纷出台了各种优惠政策，即期效果还算不错。当前，主要的“短板”仍然是两个：一是对知识产权保护的力度还应加大；二是由于退出渠道尚欠顺畅，因而风险投资的发展还不够理想。今后，应当更多地把注意力放到消除这两个“短板”上来。同时，还要注重对劳动者的培训，以应对随着技术更新而出现的结构性失业。此外，还要注意防止各地在争夺人才中出现恶性竞争。

（此文刊载于 2018 年 2 月 26 日《中国经济时报》）

当前经济工作的重要抓手：大力规范与发展保障性住房

当前经济工作中的一项重要任务便是稳定房地产市场，落实“只住不炒”方针，并建立长效机制。为此，目前各地纷纷努力，采取的新措施主要是大力发展住房租赁市场，并且实行“租售同权”。笔者不否认发展住房租赁市场的必要性与作用，但是认为，仅仅发展租赁市场是远远不够的，因为它没有切中问题的要害，进而远远不足以实现“落实‘只住不炒’方针、稳定房地产市场”的目标。

当前我国炒房之风之所以愈演愈烈，房价越调控越涨，主要根源有二：一是 20 世纪 90 年代末推行的住宅商品化走过了头，居民住房所应当具有的公共产品性质在很大程度上被“抹杀”了；二是由于“GDP 主义”和“土地财政”，各地政府在内心偏好于推动房价上涨。

因此，笔者认为，为了实现前述的政策目标，从房地产制度层面上说，关键在于“大力规范与发展保障性住房”，纠正居民住房的过度商品化，使得居民住房应当具有的公共产品性质得到恢复。

保障性住房就是指廉租房与经济适用房。这两者都是含有政策性补贴的专门为城市最低收入阶层和中低收入阶层服务的政策性住房。20 世纪 90 年代，在推出“住宅商品化”改革的同时，就提出要建设一批廉租房与经济适用房；

并且，各地都这样做了，都建造了数量不等的廉租房与经济适用房。目前存在的缺陷主要有两个方面：一是数量严重不足。许多具备资格条件的当地户籍人口家庭都要摇号并长期等待，外来务工者则通常都不予考虑。二是“规范”严重不够，管理不严。比如，经济适用房与商品房之间没有“隔断”，分到手的经济适用房可以直接进入商品房市场，进而，经济适用房便相当于“福利分房”。又如，部分经济适用房面积过大，达到一百几十平方米，这哪里还是经济适用房！再如，不少地方的公务员利用经济适用房搞“特殊化”，往往能够买到“特制”的一百多平方米的经济适用房，使得“福利分房”变相继续存在。

当前，“大力规范与发展保障性住房”，就是要消除上述两方面的缺陷，使得保障性住房在落实“只住不炒”方针、稳定房地产市场中发挥应有的关键性作用。

一、应当严格规范与管理保障性住房

1. 要严格遵循“切割原则”

保障性住房与商品房是性质不同的住房，两者必须划清界限，严格“切割”。廉租房与经济适用房必须由政府专设的机构进行管理。经济适用房绝对不允许进入商品房市场。经济适用房的转让，只能在管理机构的“做市”下或严格监管下，按经济适用房的价格转让给有资格购买经济适用房的家庭。经济适用房的继承，只能是“价值”继承，而不能“实物”继承。廉租房只能允许租赁者自住，绝对不允许“转租”或变相“转租”。

2. 严格执行“唯一原则”

城市中的常住人口（包括其中尚未落户入籍的农民工）均有资格租用廉租房；户籍人口家庭有资格购买经济适用房。一个核心家庭只允许租赁一套廉租房或者购买一套经济适用房。已经在本地或外地拥有商品房者，便没有资格再租赁廉租房或购买经济适用房。原来租赁廉租房者，若又购买了经济适用房，则应将廉租房退还管理机构。已经拥有廉租房或者经济适用房者，若再去购买商品房，则应将廉租房或者经济适用房退还管理机构。在外地已经租赁廉租房或者购买了经济适用房者，便没有资格再在本地租赁廉租房或者购买经济适用房等。

3. 严格控制单套面积

因为，“保障性”是保障基本生活需求，而非高档生活需求。比如，廉租房的单套建筑面积可以是 20m^2、30m^2、40m^2、50m^2 等等。经济适用房的单套建筑面积可为 50m^2、60m^2、70m^2、80m^2 等等。

二、要大力“发展”保障性住房

（1）要切实增加保障性住房的供给量，尽快让保障性住房占有住房供给的“大头”。应当看到，目前，在我国城市中，“富裕＋中产”毕竟还是少数，“中低收入＋低收入”还是多数；后者的住房需求，基本上得依靠保障性住房。特别是把包括大量农民工的全部常住人口都纳入“保障范围”后，保障性住房的需求量更是大大增加了。

（2）在“土地供给”中，应当优先满足保障性住房的需要，尤其应当将交通较为便利的地块（如地铁附近），优先用于建造容积率较高的保障性住房。

大力规范与发展保障性住房，将会带来十分积极的效果。首先，通过纠正过了度的“住宅商品化”，便使得实现“落实‘只住不炒’方针，稳定房地产市场”的政策目标，有了良好的实现可能。因为，很明显，符合前述要求的保障性住房都是“只住不炒”的（它们无法炒起来），当这类住房的供给大量增加、成为住房供给的“大头”时，特别是年轻人结婚的住房刚需（俗称“丈母娘需求”）也主要依靠保障性住房时，“只住不炒”方针也就基本落实了。进而房地产市场也就基本稳定了。

三、将收到下列各种积极效果

（1）能够有力地促进“城市化”的健康发展。目前，农民进城务工的人数很多，但是真正能够在城市落户、成为“新城里人”的却很有限。不少农民只是年轻力壮时进城打工，年老力衰时仍然回农村养老。有学者称此为“伪城市化”。个中的重要原因便是，城里的房价太贵，农民工无法承受。但若我们按前述原则“大力规范与发展保障性住房”,那么,这个问题便可以基本解决，大多数进城务工的农民便会在城市落户，成为“新城里人”。

（2）能够在相当程度上促进“留守儿童”问题的解决，从而十分有助于我国的未来发展。“留守儿童”问题的重要成因之一就是城市房价太贵，农民工租不起。现在，让农民工有资格租赁廉租房，加上“租售同权”，他们的子女可以就近入学。那么,就会有相当数量的“留守儿童”可以进城随同父母生活。这对于提高人口素质、缩小未来的贫富差距都是十分有帮助的。

（3）这是让“二次分配”向弱势群体倾斜、缩小社会贫富差距的重要措施。保障性住房是含有财政补贴的，保障性住房的居住者是社会中的最低收入阶层与中低收入阶层。“大力规范与发展保障性住房”，就等于向最低收入阶层与中低收入阶层提供了财政补贴。显然，这是十分有助于缩小社会贫富差距、促进社会和谐的。

（4）能够从多个方面扩大内需，进而促进“稳增长”。这在当前，“中美贸易摩擦”阴云密布,经济形势险恶的情况下,其积极意义更是不容低估。一则，将会大大减少“房奴”，进而使公众有更多的钱可以投入消费。二则，由于相当于向最低收入阶层及中低收入阶层提供了大量财政补贴，而最低收入者及中低收入者的收入消费倾向较高，从而势必增加社会消费需求。三则，“大力发展保障性住房”，将形成一个新的固定资产投资热点，其“综合效益”要比那些超前的基础设施项目要好得多。

正因为“大力规范与发展保障性住房”有这么多的积极效果，所以，它是当前经济工作的重要抓手。

“大力规范与发展保障性住房”，也是会遇到困难与障碍的，因此，也需要配套措施。其中最重要的配套措施如下：

（1）努力消除“GDP 主义”和“土地财政”。国家应当出台有力的综合措施，消除“GDP 主义”，引导与促使各级政府努力追求“效率与公平的优化结合”，追求社会和谐，以及追求自身的清正廉洁。在此基础上，消除“土地财政”，让宝贵的土地资源为“社会和谐”服务，为实现“公平与效率的优化结合”服务，为中国未来的长远发展服务。

（2）尽快出台房产税。“大力规范与发展保障性住房”需要投入大量财政资金，财政资金的重要来源之一就应当是“房产税”。根据我国目前的房地产产权状况，目前开征的房产税应当定位于消费税、富人税。消费税，就是“高档消费品税”。应当向占用、消费了豪华房产、大量房产的家庭征税。富人税，也就是仅仅向少数富人征税，而不是向房产的业主们普遍征税。有能力占用、消费大量房产资源者，肯定只能是少数富人。因此，目前房产税的征收对象应当是豪宅占有者、大量房产占有者，征税面不应超过城市居民家庭数（包括购买了商品房的农民家庭）的 30%。房产税收入则全部用于“保障性住房”。这样做，是完全符合现代国家的财政理念的，即财政收入（征税）向富人“倾斜”，财政支出（转移支付）向穷人“倾斜”。

（3）要坚决刹住一些地方的公务员利用“经济适用房”搞“特殊化”的行为。公务员可以购买经济适用房，但必须遵守与普通老百姓同样的规则，不能再搞变相的“福利分房”。应当指出,如果公务员在住房上有了“特殊化”，不但社会影响不良，而且会严重脱离群众，很难设想他们还能够认真地去考虑解决群众的“住房难”问题。

当前应当完全放开存款利率

利率市场化，是金融改革中的重头戏之一，不完成利率市场化，金融资金就难以通过市场实现优化配置。我国的利率市场化改革走的是“渐进道路”。从 1996 年 6 月放开银行间同业拆借利率算起，经历了 20 多年，目前已进入尾声。其中，贷款利率于 2013 年 10 月完全放开，允许银行机构自主地上浮或下调；存款利率则于 2015 年 10 月“放开浮动上限”，但这仅仅是名义上的放开，顶上还存在大大的“天花板”。某个银行机构的存款利率上浮幅度如果超过 40%，央行就要“窗口指导”。笔者认为，目前已经是去掉这块“天花板”的时候了，应当完全放开存款利率，最终实现利率市场化。

当前，中央指出，目前经济形势的基本特点是“稳中有变”，应对的基本方针是“六稳”，即稳就业、稳金融、稳外贸、稳外资、稳投资、稳预期。在目前的形势下，“完全放开存款利率、最终完成利率市场化改革”，既有迫切的现实需要，又有良好的“机会窗口”。

现实需要主要表现在：

1. 这是深化金融改革的需要

不少专家学者指出，应对当前经济形势的“不确定性”，根本性的措施是深化改革，加速完善市场经济，让市场在资源配置中更好地发挥基础性作用。从这一角度考察，我国目前十分需要加速完成“利率市场化改革”，完全放开存款利率。

2. 这是消除存款负利率的需要

目前，我国银行的实际存款利率是负的，并且还有扩大的趋势。目前，一年期存款的基准利率是 1.5%，允许上浮 40% 就是 2.1%。今年上半年，虽然 CPI 为 1.9%，但是通货膨胀率（GDP 平减指数）为 2.83%，明显高于一年期存款利率的浮动上限 2.1%。今年下半年，通胀率还有上升趋势，7 月的 CPI 已达 2.1%，还有继续温和上涨势头，房价也还在继续上涨，尤其是房租，涨势甚猛。存款负利率，不但会扭曲、损害资源的合理配置，而且更是对广大居民的剥夺,尤其是对广大缺乏其他投资渠道的中低收入群众的剥夺。进而，会扩大社会贫富差距、抑制消费。在当前形势下，为抑制并消除呈现扩大趋势的存款负利率，最佳途径就是完全放开存款利率，通过市场机制来完成此项任务。

3. 这是缓解民营及小微企业融资难的需要

目前,那些主要向民营及小微企业放贷的小银行,在存款市场上处于劣势,难以与大银行抗衡。这就从资金来源上遏制了它们对民营及小微企业的信贷支持力度。但是，由于民营及小微企业贷款的利率较高，因而这些小银行能够承受较高的存款利率；因此，一旦存款利率完全放开，可以真正自由浮动，那么，这些小银行在存款市场上的竞争地位将有所改善，存款市场份额将会上升。进而，便会有更多的信贷资金可以用于支持民营及小微企业。同时，由于存款利率完全放开，银行存款利率水平将会普遍有所上升，大银行的贷款利率水平也会由于资金成本的上升而有所上升。这就会使得流向那些效益欠佳项目、效益欠佳国企的信贷资金有一定程度减少。这也会使得流向民营企业、小微企业的信贷资金有所增加。

4. 在当前，完全放开存款利率，能够在一定程度上有助于缩小贫富差距、稳定预期、扩大内需

一则，消除存款负利率能够使广大老百姓得益，尤其是那些缺乏其他投资渠道的中低收入群众得益；同时，也会通过压缩银行的盈利空间而压缩银行机构从业者的不合理高收入。这些，都是有助于缩小社会贫富差距的。二则，消除存款负利率，显然有助于稳定公众预期，进而有助于社会稳定、经济稳定。三则，消除存款负利率，有助于增加广大老百姓尤其是中低收入者的收入，有助于缓解民营及小微企业融资难问题，有助于缩小社会贫富差距，等等。这些都是有助于扩大内需的积极因素。

当前，也是进行“完全放开存款利率改革”的良好“窗口期”。众所周知，进行“完全放开存款利率改革”，最令人担心的“副作用”是银行机构为争夺存款竞相抬高存款利率，出现恶性竞争。目前的实际情况中有两点值得注意。一是资金面较为宽松，Shibor 数据处于低谷。8 月 17 日，隔夜 Shibor 报 2.580%，7 天 Shibor 报 2.650%，3 个月 Shibor 报 2.817%，要比 6 月末低得多（分别为 2.628%、2.826%、4.155%），比 5 月末就更低（分别为 2.884%、2.895%、4.312%）。二是由于经济存在下行趋向，并且前景不明朗、变数大，因而银行机构的放贷行为普遍比较谨慎。进而，除了少数小银行外，吸存意愿基本上不是十分强烈。基于上述两个方面因素，一则，如果目前进行“完全放开存款利率”操作，则出现存款恶性竞争的可能性甚低。二则，再加上经验判断，大致可以认为，目前如果完全放开存款利率，银行机构的一年期存款利率的上浮水平大体上是：部分主要为民营及小微企业服务的、资金效益又较好的小银行，由于吸存意愿较强，存款利率将上浮到 4% 左右；其他银行存款利率为 3%—4%，其中，大中型银行略低，小型银行略高；活期存款利率则可能上浮到 1.5%—2%。

（此文刊载于 2018 年 9 月 7 日《改革内参》）

“资本主义积累的一般规律”及其现实意义

一、“资本主义积累的一般规律”是经典资本主义制度的特征

积累，乃是资本的天性。资本，必然追求不断积累，追求最大限度地攫取剩余价值，并将剩余价值转化为资本。

马克思在《资本论》第一卷中深入地剖析了资本的生产过程，并且归纳出“资本主义积累的一般规律”。这个规律可以简约地表述为：在资本主义生产方式下，随着社会生产力的进步，资本有机构成提高，会出现社会贫富差距扩大、两极分化现象，一侧是财富积累，资本快速增长与堆积，另一侧是贫困积累，社会出现相对过剩人口，无产阶级趋于贫困化，进而，社会消费需求相对萎缩、总需求不足，引致不断加剧的周期性经济危机。

这个规律的逻辑表明，在资本主义生产方式下，社会危机会随着社会生产力的进步而日益加剧。因而，资本主义生产方式是不可持续的，最终必将走向灭亡。当“生产资料的集中和劳动的社会化，达到了同它们的资本主义外壳不能相容的地步。这个外壳就要炸毁了。资本主义私有制的丧钟就要响了”（《资本论》第一卷 831 页）。

实践证明，“资本主义积累的一般规律”符合马克思生活、研究的年代的社会实际，也符合其后相当一个时期的社会实际。比如，在当时的西方发达

资本主义国家中，随着经济发展、社会生产力的进步，基尼系数也趋于上升。又如，在发达资本主义国家中，由于总需求不足而引致的经济危机周期性地爆发，从1825年开始，大体上7—8年爆发一次，而且烈度有不断加大的趋势。1929年的经济大危机更是烈度空前，资本主义制度大有难以为继之势。

“二战”后，情况有了明显变化。在西方主要发达资本主义国家中，基尼系数不再随着社会生产力的进步而上升，有的国家甚至还有所回落。周期性经济危机的主因也不再是总需求不足。

这也就是说，直到1929年经济大危机为止，西方发达资本主义国家的经济实践都是符合“资本主义积累的一般规律”的；“二战”后，则情况有所变化。因此，可以把西方发达国家到1929年经济大危机为止的资本主义制度称为“经典资本主义”。进而，“资本主义积累的一般规律”也就是经典资本主义制度的规律和基本特征。凡是符合“资本主义积累的一般规律”的社会制度，就属于“经典资本主义”。

二、“资本主义积累的一般规律”的成因

为什么在经典资本主义制度下会出现这样的“一般规律”呢？根本原因在于劳动力商品的出售价格。

在马克思的价值模型中，商品的价值是C＋V＋M，即由投入的物化劳动、活劳动，以及剩余劳动等三个部分组成。在商品交换中，按价值“等价交换”。劳动力商品也按“劳动力价值”出售。但是，“劳动力价值”被定义为生产和再生产劳动力商品所需要消耗的生活资料的价值。这也就是说，“劳动力价值”中仅仅包含投入的物化劳动C，而没有包括投入的活劳动V和剩余劳动M。实际上，在劳动力商品的再生产中，也是必须投入一定量的活劳动V的，也是应当取得一定的剩余劳动M的，正是这个M的存在，才能保障劳动者即劳动力所有者能够通过劳动力商品的生产与交换改善生活并且有所积蓄。总之，真正的“劳动力商品价值”也应当包含C、V、M等三个部分（为了区别于一般商品，可以写作Cv＋Vv＋Mv），而不是仅仅只有C，即Cv。

在经典资本主义制度下，劳动力商品的交易价格诚如马克思的模型所述，其中只有Cv，没有Vv和Mv。那么，Vv和Mv到哪里去了呢？都被

劳动力商品的买者——资本所有者——拿走了。这样，资本所有者生产商品所获得的剩余价值，从真正应得的 M － Vv － Mv，变成了 M，增加了 Vv ＋ Mv。进而，商品的价值 =C ＋ V ＋ M=C ＋ Cv ＋ M=C ＋ [(Cv ＋ Vv ＋ Mv) － (Vv ＋ Mv)] ＋ [M － (Vv ＋ Mv) ＋ (Vv ＋ Mv)]。

资本所有者十分清楚，为了实现资本的最大限度增殖，必须确保维持劳动力商品的再生产，但是不能允许劳动力所有者“富起来”。比如，荷兰经济学家贝尔纳德·孟德维尔在 18 世纪初就说过，“应当使工人免于挨饿，但不应当使他们拥有任何可供储蓄的东西”。

资本所有者是怎样做到通过“等价交换”把 Vv 和 Mv 攫为己有的呢？原来，在经典资本主义制度下，劳动力商品市场上的交易双方的力量并不是对等的。交易双方是“集中的需求 PK 分散的供给”。显然地，买方十分强势，卖方则弱势得多，不可能存在真正意义的“等价交换”。对于资本家的强势与工人的弱势，《资本论》第一卷第 200 页上有一段生动的描述：“资本家，昂首前行；劳动力所有者成了他的工人，尾随于后。一个笑容满面，雄心勃勃；一个战战兢兢，畏缩不前，像在市场上出卖了自己的皮一样，只有一个前途——让人家来鞣。”显然，在这样的市场格局下，劳动力商品必然以垄断低价出售，出售价格大大低于其真实价值。劳动力商品价值中的 Vv 和 Mv 就是通过这样的垄断低价被劳动力商品的买方——资本所有者——无偿地攫取的。

劳动力商品的价格被压低到“劳动力价值”上，意味着劳动力所有者的收入水平进而消费水平都被相对地“冻结”了。由于劳动力所有者（包括其家属）的人数占社会总人口的大多数，因而，当社会生产力提高、人均产品供给增加时，有效消费需求的增长便肯定跟不上供给的增长，呈现消费需求相对萎缩态势，进而，总需求势必不足，并且程度趋于加剧，最终势必引发周期性经济危机。

三、经典资本主义转变为现代市场经济

20 世纪 20 年代的繁荣是经典资本主义的顶峰。很快，这种繁荣就被随之而来的 1929 年经济大危机击碎。当年，危机波及各个发达资本主义国家，危机烈度之强、灾难之深重，近似于世界末日来临。这意味着，经典资本主

义制度已经走到尽头，难以为继了。当时，不少发达国家政府及学者都在探索变革、复苏之路。其中的“成功者”是“罗斯福新政”与凯恩斯主义。

1933 年，富兰克林·罗斯福当选美国总统，他动用国家行政力量，对国民经济进行了一系列干预和调控，以扩张需求、促进总需求与总供给的平衡。从措施的实质角度考察，关键性措施在于三个方面。一是“工会合法化”。造就强有力的工会，使得工人在“一次分配”中的话语权大大增强，劳动力市场格局由“集中的需求 PK 分散的供给”转变为“集中的需求 PK 集中的供给”，成为“寡头竞争”模式。进而，劳动力商品不再按垄断低价出售，也就是，劳动力商品的出售价格不再是只含有 Cv 的“劳动力价值”，而是，同时也包含了相当部分的 Vv 和 Mv。二是力度相当大的“二次分配”。通过力度甚大的累进个人所得税，把大量的 GDP 集中到国家手中，然后再通过向穷人倾斜的社会福利制度分配下去。这就使得 Vv 和 Mv 进一步回归劳动者。三是国家通过投资建设重大基础设施，直接促进社会就业。

1936 年，英国经济学家约翰·梅纳德·凯恩斯的《就业、利息与货币通论》问世，该书阐述的理论是：市场是会“失灵”的，需要国家进行“需求管理”，干预、调控。这成为“二战”后，发达资本主义国家对国民经济进行宏观管理的理论基础。凯恩斯主义理论也存在局限性，最大的不足在于它没有给出需求扩张的“度”，以致总需求很容易扩张过度，引发通货膨胀，甚至导致“滞胀”。20 世纪 60 年代，美国经济学家米尔顿·弗里德曼的货币主义理论解决了这个“度”的问题。这就是，在运用财政政策扩张需求的同时，必须控制货币供应量，以维护货币稳定。70 年代出现在美国的供给学派提出，在技术创新高潮到来时，应当适度减税，提高社会储蓄率，以加速新技术的产业化。这又进一步丰富、完善了对国民经济的宏观管理。

西方发达资本主义国家，经过了上述国家干预、宏观管理之后，国民经济运行出现重大变化，这主要表现在三个方面。

首先，不再符合“资本主义积累的一般规律”。一是随着经济发展，基尼系数不再持续上升，大部分发达国家，基尼系数被控制在 0.30—0.40 的“中等程度不平等”范围内；以“北欧模式”为代表的福利国家，则为 0.25—0.29；美国，由于存在大量新移民（包括非法移民），因而基尼系数较高，为 0.42 左右；

日本及“四小龙”等“东亚模式”地区，更是随着工业化的进程，基尼系数明显下降。二是引发经济衰退、危机的主要原因，不再是总需求不足，而是总需求过旺。比如，20 世纪 60—70 年代，困扰英国等发达国家的“滞胀”，其根源就是财政扩张过度、通货膨胀持续；又如，2008 年美国爆发的“次贷危机”，其根源就是“信贷资金福利化”引致的总需求过度膨胀，当时的美国，储蓄率竟然为零。

其次，由于保障“二次分配”力度的需要，发达国家财政支出占 GDP 的比重比经典资本主义时代大幅度上升。比如，1980 年，财政支出占 GDP 的比重，美国为 8%，英国为 10%，德国为 10%，日本为 11%，法国为 15%，瑞典为 6%；而 1985 年，美国为 37%，英国为 48%，德国为 47%，法国为 57%，瑞典为 65%。

再次，经济运行的平稳程度也有明显提高。据苏联学者研究，1953—1985 年间，在世界主要大国中，经济波动幅度最小、运行最平稳的国家是法国，波动系数为 2.29；其次是美国，波动系数为 2.71；最后才是实行计划经济的苏联，波动系数为 2.98。（中国为强波动经济，1951—1989 年间，波动系数为 8.69）

上述情况表明，“二战”后，西方发达国家，告别了经典资本主义，进入了现代市场经济。这两种“经济体制”，虽然都具有商品、货币、资本及完善的市场，但是，公平与效率的状况完全不一样。前者，只追求资本的效率（利润率）而忽视社会公平；结果是，既缺乏社会公平，又由于周期性爆发经济危机而效率欠佳。后者，则追求公平与效率的优化结合，“二次分配”向弱者与未来倾斜；结果是，既有良好的社会公平，又有较高的效率。

法国经济学家吉尔贝尔特·勃拉尔顿 1991 年分析了经典资本主义与现代市场经济的区别。他指出，这两者的逻辑是“极其不同”的。“（现代）市场经济追求的目标不仅仅是利润，重要的是追求经济发展，提高实际生产率，因而提高居民的实际收入。相反，（经典）资本主义追求的只是企业利润。在（经典）资本主义追求利润的同时，实际生产率处于停滞或下降，居民收入也可能在长时期内下降。”“以下 5 个参数的结合排列顺序可以显示是（经典）资本主义逻辑还是非（经典）资本主义逻辑。这 5 个参数是：①当事人的决策自由和对决策的责任；②全体当事人协商参与决策；③所有权的法律属性；④利润最大化；⑤经济进步与社会进步最大化。①③（生产资料所有权的私有性质）④的结合显示出强烈的（经典）资本主义逻辑，而①②③④⑤的结合则表明（经典）资本主义逻辑的消失。”①

四、“资本主义积累的一般规律”理论在建设中国特色社会主义中的现实意义

我国在建设中国特色社会主义中，“资本主义积累的一般规律”理论仍然有明显的现实意义。这就是，以其为鉴，可以发现经济实践中存在的“经典资本主义”倾向，进而提醒我们去消除这种倾向。

我国是社会主义国家，怎么可能出现“经典资本主义”倾向呢？中国的经济制度是社会主义市场经济，本来它应当没有经典资本主义的一切弊端，并且应当具备现代市场经济的一切优点，甚至更完美、公平，与效率结合得更好。但是，在改革开放中，由于我国是从“不完善”的计划经济走向社会主义市场经济的，市场机制几乎是从零开始发育的。这是一个需要摸索前进的过程，从而难免会出现某些偏差，带来“经典资本主义”倾向。

首先，应当注意三个问题。

一是限于生产力发展水平，当今的世界仍然是资本主义时代，科学的真正意义上的社会主义时代尚未到来。马克思主义原理指出，先进的生产关系必须建立在更高层次的生产力基础上。作为共产主义社会第一阶段的社会主义社会，其生产力水平必须达到足以使商品、价值、货币消亡的高度，而现在尚差之甚远。因此，目前尚不可能出现真正意义上的社会主义社会。当年的苏联之所以失败，最根本的原因就在于生产力水平条件不具备。

二是世界各国的发展是不平衡的，不仅生产力发展水平有高低，而且社会制度建设也有先进后进。目前，并非所有国家都是“现代市场经济”，有的国家还处在“经典资本主义”阶段，个别国家还存在浓厚的封建色彩，甚至奴隶制残余。

① 勃拉尔顿的观点是“十四大”报告中“市场经济”部分的两个理论参考依据之一。

三是考察一个国家真实的社会制度性质，不能从其“自我标榜”出发，而应当从其实际状况出发。比如，20 世纪 50—60 年代，“社会主义”红火之时，曾经有许多国家自封为“社会主义国家”，但是，实际上呢？后来呢？

其次，目前我国确实存在“经典资本主义”倾向。

改革开放以来，尤其是 20 世纪 90 年代后，我国一方面是经济快速增长，另一方面则是社会贫富差距迅速扩大。基尼系数，20 世纪 80 年代初为 0.30，80 年代末为 0.33；1994 年就达到 0.434（李强，中国人民大学），2000 年更达到 0.458。据国家统计局公布的数据（见表 1），2008 年达到最高点 0.491，此后略有下降，目前为 0.47 左右。总之，已经高于西方发达国家，也高于多数发展中国家。目前，住房、教育、医疗更是成为压在普通百姓身上的“三座大山”，民众怨言颇多。上述情况，是符合“资本主义积累的一般规律”的，是明显的“经典资本主义”倾向，是与“社会主义国家”格格不入的。

表 1　2003 年以来我国收入分配的基尼系数

年份	基尼系数	年份	基尼系数	年份	基尼系数	年份	基尼系数
2003	0.479	2007	0.484	2011	0.477	2015	0.462
2004	0.473	2008	0.491	2012	0.474	2016	0.465
2005	0.485	2009	0.490	2013	0.473		
2006	0.487	2010	0.481	2014	0.469		

资料来源：国家统计局。

贫富差距过大，已经对国民经济造成严重后果。这就是消费率下降、社会消费需求相对萎缩。改革开放前我国就是一个“高积累、低消费”的国家。改革开放以来，消费率又继续下降（见表 2），目前只有 50% 多一点（发展中国家通常为 70%—85%，发达国家通常为 85% 以上），比改革开放初又下降了 10 个百分点左右。这正是当前我国发生内需不足、产能过剩的根本原因。

表 2　改革开放以来我国的消费率

年份	消费率 / %	年份	消费率 / %
1978	61.4	2010	48.5
1980	64.8	2011	49.6
1985	64.5	2012	50.1
1990	62.9	2013	50.3
1995	58.8	2014	50.7
2000	63.3	2015	51.8
2005	53.6	2016	53.6

资料来源:《中国统计年鉴 2017》。

值得庆幸的是，迄今尚未因此而爆发重大经济危机。之所以如此，是由于存在着一些“延缓”因素。比如，通过加入 WTO，“全球化”，大量增加商品输出；通过“加杠杆”，大量投资“铁公机”以增加内需；倡导“一带一路”，通过资本输出带动商品输出；等等。但是，这些办法只能“延缓”危机发生，而不能“治本”。目前，矛盾正在累积。比如，2007 年前后就有人诟病中国搞“新重商主义”，输出通货紧缩；在越来越激烈的贸易摩擦中，相当部分的深层根源也在于我国贫富差距过大；国内，“加杠杆”的空间日益缩小，中央已经提出要“去杠杆”；等等。

容易理解，如果我们不能及时消除这种“经典资本主义”倾向，后果将是令人担忧的。至于如何消除？主要思路建议如下：

1. 各级政府领导要提高认识、统一思想

目前，各级政府领导对于生态环境问题的认识明显提高，行动上也开始重视了。但是，对于贫富差距过大问题的认识还是欠一致、欠到位的，进而行动上也不可能到位。对于“缩小贫富差距”，还较多地停留在上级下达的脱贫扶贫要求上，而没有认识到我国贫富差距过大问题的严重性和重要性。笔者不赞成遇事都要先问姓“社”姓“资”，但是，“贫富差距过大”这种 19 世

纪的落后生产关系，作为共产党人应当坚决零容忍。

要使各级政府领导清楚认识“贫富差距过大”的“经典资本主义”性质，这正是我国当前许多社会经济问题的根源，若不能及时消除，将后患无穷。要使各级政府领导明白，之所以强调“以公有制为主体”，就是为了使广大人民群众都较为公平地享受经济发展的成果；如果社会贫富差距过大，那么，公有制比重再高也没有实际意义。

2. 改进对各级政府的考核办法

要在弱化 GDP 考核的同时，突出对贫富差距的考核。要下达缩小贫富差距的考核指标，而不仅仅是扶贫脱贫指标。

3. 要切实提升底层劳动者在“一次分配”中的话语权

要允许劳动者依法自主组建工会、农会，允许工会依法进行“经济性罢工”。因为只有有了强有力的工会，劳动力市场格局才能够由交易双方力量不平等的“集中的需求 PK 分散的供给”，转变为较平等的“集中的需求 PK 集中的供给”。这是改善“一次分配”的关键所在，仅仅依靠政府规定的“最低工资标准”是远远不够的。

4. 要切实改进、完善“二次分配”

我国目前的“二次分配”主要存在两大问题。一是“方向”偏颇。现代市场经济中的“二次分配”，其基本功能是，帮助劳动者进一步收回 Vv 和 Mv，因而应当向弱者倾斜。而我国目前的“二次分配”脱胎于计划经济，有着浓厚的计划经济色彩，它是作为薪酬的补充，向强者倾斜的。二是力度不足。在现代市场经济中，“二次分配”是财政支出的大头，而我国还远远不是。所谓“改进、完善”，就是要尽快纠正这两个问题。让财政收入（征税）向富人、强者“倾斜”，财政支出向弱者与未来“倾斜”，“二次分配”成为财政支出的大头。

5. 要切实遏制权力资本

改革开放以来，我国基尼系数上升甚快，1997年世界银行的研究报告说：中国在短短几年中，就由贫富差距较小的国家变为贫富差距较大的国家，这是世界经济发展史上少有的。之所以出现这种情况，主要原因不在于私人资本的发育，而在于权力资本作祟。在改革开放过程中，从“价格双轨制”开始，就有一些官员尤其“官二代”，利用权力与“政策优势”大肆寻租敛财。其中有“黑色”的，更有大量“灰色”的。据有关研究部门调研，目前的亿万富翁中，“官二代”占了大多数。事实上，民营经济占比最高的浙江省，其城乡差距、居民收入差距，都是国内除北京、上海、天津等三个直辖市外最小的。因此，我们在消除“经典资本主义”倾向时，必须注意遏制权力资本，要采取坚决有效的综合性措施。

（此文入选中国《资本论》研究会第20届年会）

我国农村信用社所有制改革历程与理论创新发展

一、引言

我国由计划经济走向市场经济的改革是以“渐进”方式推进的。在改革进程中，始终围绕着两条线索前行。一条是价格改革，建立完善的价格机制，也就是逐步放开价格，重建与完善价格机制，最终目标是按照“完全的市场价格”要求放开商品与要素价格，让市场在资源配置中真正发挥基础作用。另一条是所有制改革，一方面重塑市场主体，改革与调整体制内的公有制的实现形式与比重，另一方面，在体制外大力发展民营经济，进而造就大批“硬预算约束”的经济主体。最终目标是造就多种所有制并存的适应现代市场经济要求的，最有助于实现“效率与公平优化结合”的，并且能够适应经济发展需要自行调整的所有制结构。

这两条轴线是相互依赖、相辅相成的。没有价格机制的导引，民营经济便难以大量发展，没有足够的“硬预算约束”经济主体，就难以形成有效的价格机制。因此，虽则当年有过是“价格先改”还是“所有制先改”的争论。但是,在实际操作中,两条轴线基本上还是“协同”前进的。比如,作为改革“破题”的农村改革，“联产承包责任制”属于所有制改革，进一步开放“农产品自由市场，允许长途贩运”，则属于价格机制改革。

我国的改革是在摸索中前进的。因此不断有“制度创新”成果出现。这些成果都需要经受实践的严格检验。随着改革的推进，经得住时间考验的“制度创新”成果被留了下来，甚至发扬光大；经不起时间考验的“创新成果”虽然可以“红极一时”，但终究被淘汰了。比如，20 世纪 80 年代涌现了“三大明星”——“杨承包”“吴市场”“厉股价”；进入 90 年代后，“杨承包”就被淘汰，退出“舞台”，销声匿迹了；而后两者，则始终“活力充沛”。

我国的“渐进式”改革，不但是一个摸索前进的过程（“摸着石头过河”），要面对许多难有现成答案的复杂实践问题，而且还是各种社会力量、利益阶层之间的博弈过程。因此，改革的每一步，从理论到操作实践，都需要探索创新并冲破阻力。进而，改革的前进道路是曲折的，时快时慢的；有时还会出现“暂时性”的后退。因此，总体上看，改革的进展速度快不起来。40 年过去了，“两条轴线”均还没有最终完成任务。一些重要的商品价格及要素价格尚未放开。比如汽油、柴油的价格还是由发改委来定，银行存款利率还是受控于央行的“窗口指导”，等等。国有大企业虽则改为“股份制”，但其预算约束并没有硬化，亏损了还要财政补贴，还在搞“混合所有制”，等等。总之，概括起来，可以说是“成绩巨大，还在路上”。

所有制改革的难点、重点在于体制内的两种公有制，采取国家所有制形式的全民所有制和集体所有制（包括“合作制”）的改革。生产资料是为其所有者谋取利益的。生产资料所有权大体上可分为三个层次：一是法律上的归属；二是实际占有支配，即实际上掌控在谁手中；三是收益的享有，即生产资料的增殖收益归于谁。大体上，所谓“产权明晰”是指：法律上的所有者清楚；实际支配者就是法律上的所有者或者是由法律上的所有者决定的人，能够承担资产增值与亏损的责任；法律上的所有者能够充分地享有生产资料的增殖收益。显然，在改革开放前，我国的大多数公有制单位的产权是不明晰或不够明晰的，其预算约束便是软的，难以成为合格的市场主体，严重影响效率。

不同领域中的公有制情况有所不同，因而其改革道路也有所不同。本文将着重讨论作为金融领域的一个重要组成部分，集体所有制金融——农村信用社——所有制改革历程，考察其中理论的创新和发展，以及未来的前景。

二、农村信用社所有制改革的历程与评价

1. 改革前的基本情况

农村信用社即农村信用合作社，是体制内机构。40 年前，改革开放之初，我国的金融机构只有“一头大象和一群小鸡”。“一头大象”就是全民所有制的中国人民银行，它包揽了从货币发行到存放汇等各种当时所有的重要金融业务。“一群小鸡”，就是遍布各地农村的农村信用合作社，它们是集体所有制金融。当时，它们的正式身份是人民公社信贷部，业务上，受中国人民银行指导。这就是改革的起点。

我国的农村信用合作社组建于 20 世纪 50 年代。当时，在土地改革完成之后，便启动了“合作化”。在农村组织农民成立互助组、初级生产合作社、高级生产合作社等等。在“生产合作”推进的同时，也开始发展“信用合作”，组建农村信用合作社。一般为一乡一社。信用合作社的资本金主要依靠农户入股，多数农户为 1—5 元，个别也有稍多的。地方政府通常也提供少量资金。农村信用合作社主要吸收农户存款，同时向农户发放小额贷款，以帮助农户解决一时性的生活费用困难及生产合作中的资金困难。农村信用合作社归当地政府管辖，业务上则接受中国人民银行指导管理。

1958 年“人民公社化”后，这些农村信用合作社就“翻牌”成为“政社合一”的人民公社的信贷部。其信贷的主要服务对象是公社社员（一时性的生活费用困难）、生产队（临时性的生产资金周转困难）、社队企业（公社与大队所创办的小企业）。

在这个阶段中，农村信用合作社名义上是合作制（也称集体所有制）的，但是实际上名不副实。虽然，广大农户是信用合作社的主要出资人，并因此拥有社员资格，但是，出于多方面原因，民主管理等只是流于形式，实际掌控者还是当地政府，与罗虚代尔原则的要求相距甚大。它实际上还是一个官办机构，近似于“二全民”。农民的认知也如此，政府要我入股，我向政府办的机构申请贷款。

2. 改革探索阶段

（1）权宜性安排：农信社划归农业银行管辖。

20 世纪 80 年代初，金融改革启动。先是中国银行、中国农业银行从中国人民银行中重新分设。接着，1983 年末，“政社合一”的人民公社撤销，基层政权建制恢复到乡镇、行政村、自然村。原人民公社的信贷部也恢复为农村信用合作社，并且划归中国农业银行管辖。为了管理全国 3 万多家农村信用社，中国农业银行总行成立信用合作司，省、市分行及县支行分别设置信用合作处、信用合作科和信用合作股。同时，还按县将各乡镇的农信社联合组建为“县农村信用合作联合社”，简称县联社。县联社的资本金来自各基层农信社的入股。通常，由农业银行县支行的一名副行长兼任县联社主任，由信用合作股长兼任副主任。中国农业银行可以全权支配农村信用社的人、财、物。在当时，这样的制度安排是切合实际需要的、妥当的。当然，从所有制性质考察，农信社中的国有制成分更浓了，与“合作制”更远了。这种制度安排并非终极安排，下一步，农信社应当朝什么方向走？有关各方一直在探索。

（2）一次失败的改革：农信社“商业化”＋农村合作基金。

80 年代中后期出现的构想是，让农信社顺应经济形势发展，主要为新兴的乡镇企业服务，走“商业化经营”道路，为农户服务的职能则主要由新发展起来的实行合作制的农村合作基金会去承担。

1984 年冬，我国的经济改革的重心转向城市。金融改革步伐也大大加快，四大专业银行打破界限实行业务交叉。“工行下乡、农行进城、中行上岸、建行破墙。”之后，农行信贷投放的大头便逐渐转向城市。同时，随农业的丰收，农村商品经济的活跃，乡镇企业（即人民公社时期的社队企业）也开始蓬勃发展，对资金的需求日益旺盛，成为农村信用社的主要服务对象。也因此，农信社经营中的“商业化”倾向也日益强烈。面对这种情况，一些地方政府及有关部门考虑顺应形势，允许农信社朝“商业化经营”发展；同时再发展一批真正实行合作制的小机构“农村合作基金会”来承担农户的生产发展及生活消费的小额贷款需求。当年，一般县、区政府及县农委都有权批准设立乡级或村级的农村合作基金会。1991 年，财政部与农业部联合下发两个文件，对农村合作基金会的发展给予充分的肯定和支持，鼓励其进一步发展。

此后，发展便全面加速。1996 年底，全国共有乡级农村合作基金会 2.1 万家，村级农村合作基金会 2.4 万家，融资规模达 1500 亿元，相当于农信社各项贷款的 23%。与此同时，农信社的商业化经营也在推进。考虑到作为商业化经营主体的农村信用社，由另一商业化主体农业银行管辖，势必会形成“不公平”竞争，矛盾将日益尖锐，很不合理。于是，1996 年，让农信社与农业银行完全“脱钩”，以县联社为单位，成为实行“二级法人制”的独立经营主体。

这一轮改革的两个侧面的进展均欠顺当。农信社“脱钩”后，发现其“独立”能力甚差，尤其是自我管理能力相当薄弱，因而不得不暂时由中国人民银行行使管理职能，并且将原来农业银行的信用合作司、处、科、股划给中国人民银行。而农村合作基金会出现的问题就更为严重，闹到不得不进行整顿清理的地步。主要问题有三个。①违规经营，扰乱农村金融秩序。按规定，实行合作制的基金会，只能向会员吸收存款和发放贷款，但是实际上，几乎所有的基金会都在向社会吸存、向非会员放贷，变成一家不交纳存款准备金、不纳税的“特权”小银行，严重扰乱农村金融秩序。如在浙江省，1999 年清理时有基金会 1043 家，在笔者的调查中，仅发现 2 家是经营合规的。②不良贷款高居不下。由于管理不善，又不守规矩，因而不良贷款多多，实际上均已资不抵债。如浙江省基金会的账面不良贷款率高达 35.3%，实际上还要更高一些。③滋生腐败。基金会的借款人中有大量乡镇干部和村干部，甚至还有县区干部，他们借款后，多用于私人经营，并且长期占用，逾期不归还。1997 年 11 月，决策部门决定对农村合作基金会进行全面整顿；1999 年 1 月，国务院发文，全国统一取缔农村合作基金会，并且在清理后，并入农村信用社。

农村合作基金会失败的主要原因是：它不是真正的合作制金融，而是顶着合作制金融的名义，实际上由乡镇村干部掌控的，并且主要为掌控者谋私利的“预算软约束”主体。

（3）又一次不成功的改革：农村信用社合作制规范。

农村信用合作基金会的失败，使农村信用社增添了不良资产包袱，同时也迫使决策部门重新考虑农村信用社的改革方向。当时的形势表明，要解决“三农”的金融服务问题，还是得依靠农村信用社。如何让已经主要服务乡镇企业的农信社同时又良好地承担起为“三农”服务的职能？当时决策部门的认识是，让农信社回归合作制。于是，就开始对农村信用社进行“合作制规范”。金融行政部门负责人提出了合作制的三项标准：农户入股成为社员，民主管理，为社员服务。1998 年，中国人民银行 D 姓行长助理带领工作组在浙江省海宁市进行“合作制规范”试点。其主要做法是：动员广大农户普遍入股，强调覆盖面广、单股金额小，每户 1 股，每股 10 元；建立“三会”，实行民主管理。这就是“海宁模式”，也被业界称为“D 氏模式”。随后，就在各地推广。到了 1999 年底前后，浙江省已有 848 家基层农信社进行了初步的“合作制规范”。然而，“D 氏模式”的效果很不理想。一则，每个农户仅仅入股 10 元，还抵不上动员组织的成本，对此，试点的农信社颇有微词。二则，由于每户股金很少，社员对农信社经营的关切度很低。三则，我国农户缺乏民主传统，他们的理念是向政府办的农信社要贷款；从而“民主管理”流于形式，“三会”难以发挥预期作用。四则，基层农信干部对“合作制规范”也缺乏热情，他们盼望的是“垂直系统”，最好成为像四大银行那样的全国性机构。鉴于“D 氏模式”的不足，中国人民银行上海总部的 W 姓负责人提出改进意见：将每股金额提高到 1000 元，同时降低对农户入股的覆盖面要求。这被业界称为“W 氏模式”。出于多方面原因，“W 氏模式”基本上没有推广，无疾而终。

农村信用社“合作制规范”的失败，再一次表明，我国目前还缺乏合作金融生存发展的良好土壤。这是历史、文化原因造成的，非一朝一夕所能够改变。从而，农信社的改革还需要另辟蹊径。

3. 改革顺利推进阶段

（1）一次相当成功的改革。

90 年代，在经历了 1992—1996 年的通货膨胀之后，银行机构的不良贷款率普遍居高不下。农信社则由于还要加上“脱钩”“农村合作基金会并入”“合作制规范不成功”等折腾，不良贷款率就更高企。1998 年末，全国农信社的账面不良贷款率达到 44% 左右，资产质量较好的浙江省也有 23.89%，个别严重的省甚至达到 80%。面对如此严峻的形势，农信社的改革压力甚大。

决策部门认真总结了以往的经验教训，并广泛听取了业内人士的可操作的合理建议。2003 年 6 月末，国务院颁发了《国务院关于印发深化农村信用社改革试点方案的通知》(以下简称《方案》),开启了农信社改革的“顺利发展阶段”。

《方案》是相当完美的“一揽子”文件，出台后，受到各方面人士的一致好评。其中的“精华”主要如下：①明确农信社的职能定位。农信社必须坚定地为农业、农村和农民等“三农”服务。更好地为“三农”服务，是农信社改革的根本目标，一切改革措施都要围绕这一目标。②农信社的机构性质定位于“政策性与商业性并存”。虽然《方案》中没有这样的直接表述，但是含义是十分清楚的。《方案》要求农信社遵循市场经济原则,明晰产权关系，完善法人治理结构，转换经营机制，成为自主经营、自我约束、自我发展、自担风险的市场主体。显然，有明显的商业性。农信社大量发放的“小额农户信用贷款”是农信社各项贷款中利率最低的，并且主要依靠上级行政部门的考核压力推动。这显然是一种政策性贷款。还有,《方案》规定，只要存在支农需求，农信社即使严重亏损、资不抵债，机构也不能撤销，只允许合并、降格。这也完全是“政策性逻辑”。这个“性质定位”非常重要，因为它给出了农信社运作的基本模式。③农信社要明晰产权关系并且增资扩股。以县级联社为单位，根据实际条件与意愿，在“两种所有制、四种组织形式”(即股份制的农村商业银行，股份合作制的农村合作银行、一级法人制联社和二级法人制联社)中选择今后的产权组织形式。也允许选择、创新其他更为合适的产权组织形式。在选择新的产权组织形式的同时，增资扩股，使资本充足率达到要求。④下放农信社的管理权。《方案》规定，农信社交由省级政府管理并承担今后的风险处置责任。省政府可以通过组建省农信联合社或其他形式的机构行使管理权。浙江省采用省联社形式，省联社的基本班底来自农业银行省分行的信用合作处。该处 1996 年农信社“脱钩”时划归中国人民银行省分行，1999 年又划出去成立浙江省农村信用合作协会，行使对全省农信社的“行业管理”，2003 年下半年又改组为省联社。不少省区也与浙江省类似。管理权下放后，便在很大程度上消除了全国集中管理的一些弊端。诸如，对下情了解不及时、不透彻，遇到问题反应慢，处理问题容易“一刀切”，等等。⑤因地制宜，分类指导。《方案》允许并鼓励各地根据实际情况“因地制宜”处置，以及根据实际需要进行“创新”。这一条很重要，能够有效地避免“一刀切”，并且激发各地方的主动性与智慧。这一条是与“下放管理权”紧密配合的。如果不允许“因地制宜”，则“下放管理权”的作用就不大了；如果没有“下放管理权”，则“因地制宜”也很难操作。⑥中央与地方共同出资化解历年积累的不良资产包袱。中央财政拨付 1993—1997 年的保值储蓄利息；中央银行用专项再贷款和票据承担 2002 年末账面的累计亏损额的 50%。其余由地方政府设法清理。在此轮改革中，中央政府共计投入资金 1700 多亿元；地方政府也以不同形式投入资金数百亿元。这就使得农信社基本上卸下了沉重的不良资产包袱，得以轻装前进。进而，有力地振奋了农信社员工的士气，有力地提升了农信社吸收新股金的能力。

《方案》的落实也相当顺利，进展甚快，效果也很显著。2007 年 8 月底，《方案》出台仅仅 4 年，全国已有农村商业银行和农村合作银行 116 家，一级法人制联社 1715 家，法人单位由 2003 年末的 33739 个下降到 10000 个左右，减少了 70%；全国农信机构的账面不良贷款率由 2003 年的 29.7% 降为 13.7%。盈利状况也大大好转，全国农信机构合计，2003 年的税前利润是亏损 5.5 亿元，2006 年则上升为盈利 186 亿元。从法人机构看，更是涌现出一大批优秀机构。比如，重庆市农村商业银行。这是因地制宜、制度创新的典范。重庆市的农村经济相对较为后进，2003 年，农村居民的人均收入仅为全国平均值的 84.5%，列全国 35 省（区、市）的第 21 位。相应地，农村信用社的情况也相当差，大批机构亏损累累，资不抵债。按“常规”，重庆市的农信社，应当大量保留二级法人制联社，根本没有可能组建全市统一法人的农村商业银行。须知，当时仅有上海、北京等两个农村最富裕的直辖市，才组建了统一法人的省级农商行。但是，重庆人清晰地认识当地农信社的严酷现实：由于长期资不抵债，许多农信社的经营活力丧失，金融管理人才极度匮乏，增资扩股更极为困难，自身已经没有力量“回天”。从而，唯有利用政策采取“超常规”办法：把全市农信社“统”起来，加大政府支持力度，中央政府与地方政府各投入 25 亿元，消化 50 亿元不良资产；用“大品牌”引入与调配优秀金融管理人才；引入大股东两次大量增资扩股，头一次由 2 亿元增到 16 亿元，第二次再增到 50 亿元，并附加 36 亿元风险准备金；同时利用城市金融业务收益支持农村金融业务发展；等等。2007 年 9 月，重庆市农商行正式启动筹建，2008 年 6 月挂牌开业，成为继上海、北京后全国第三家省级农商行。2010 年 10 月在香港 H 股主板上市。2014 年 9 月，其资产总额突破 6000 亿元，居全国农商行之首；存款余额超过 4000 亿元，居重庆市各银行之首。重庆农商行的成功,还可以重庆市农村经济的快速发展中获得佐证。2003 年，重庆市农村居民人均收入为 2214.55 元，低于四川省（2229.86 元）；2016 年达到 11508.8 元，超过了四川省（11203.1 元），占全国农村居民人均收入的 93.09%，排名也上升到第 19 位。由于重庆市的城乡一体化程度还不高，因而随着时间的推移，重庆市农商行也存在发生偏离初衷、弱化对“三农”服务倾向的可能。这是需要重庆市政府注意防范的。又如，浙江省湖州市，5 家农信机构“集体”优秀（见表 2）。湖州市地处浙江省的西北端，有一家城市商业银行（即湖州银行）和 5 家农信机构。湖州银行的市场定位、经营稳健性和盈利能力均相当不错，在全国城商行中处于中上游，2011 年，综合财务评价在全国 116 家城商行中名列第 44 位。然而，5 家农信机构的绩效均明显超越湖州银行，不但户均贷款小得多，而且资产利润率高得多，资本充足率也更高。这样的“集体优秀”是很不容易的。

表 1　2003 年及 2016 年重庆市农村居民人均收入

年份	重庆农民居民人均收入 / 元	重庆在全国的排名	全国农村居民人均收入 / 元	重庆 / 全国	四川农村居民人均收入 / 元
2003	2214.55	21	2622.24	84.45%	2229.86
2016	11508.8	19	12363.4	93.09%	11203.1

资料来源:《中国统计年鉴 2004》《中国统计年鉴 2017》。

表 2　2011 年浙江省湖州市农信机构与城商行的绩效

		户均贷款 / 万元	资本充足率 /%	资产利润率 /%
湖州农信机构	德清农合行	55.42	13.83	2.10
	长兴农合行	33.11	14.11	2.28
	安吉农合行	29.47	13.44	2.28
	吴兴农合行	51.88	19.83	2.27
	南浔农合行	65.16	14.96	2.25
城商行：湖州银行		125.23	12.15	1.60

资料来源：浙江省农信联社、浙江银监局。

从所有制变革的角度考察，这一轮农信社改革有三点值得注意。（1）公有制性质基本未变，改变的是“实现形式”。改革后，各省的农信机构（除全省统一法人农商行外）形成了一个两级法人体系：省农信联合社——县级农信机构。上级法人省联社，不但具有金融业法人资格，而且是具有行政级别（正厅级）的省政府下属机构，它的基本职能是“管理”与“服务”，它代表省级政府管理县级农信机构并且提供各种必要服务。“管理”，首先是“管方向”。省联社严格管住下级法人的经营方向——为“三农”服务。其次是“管班子”。省联社考察、提名、任命县级法人的高管，并且考核他们的业绩、决定他们的薪酬。再次是“管风险”。省联社检查、监控县级农信机构的金融风险，督促其防范与及时处置，并给予必要的帮助。此外，县级法人的某些重大举措也需要报请省联社批准。以上事实表明，虽则农信机构增资扩股后，资本金主要来自民营企业和自然人，但是实际上，掌控权完全在政府机构手中，民营企业与自然人股东仅仅是“财务投资人”。因此，其所有制性质仍为公有制，只是采取了一种新的“实现形式”。至于那些全省（市）统一法人的省级农商行，则更是“公有制”的。因为，它们是由省（市）国企为最大股东的省（市）政府直接掌控的“地方国有银行”。（2）“名不副实”不要紧，“实际效果”最重要。“两种所有制、四种组织形式”中有一些词是“名不副实”的。比如，股份合作制，实际上是一种不规范的股份制，是所谓的“合作制”

向股份制过渡的产物。它是无法以法律形式“规范”的，不可能制定出“股份合作制法规”的，又如“农村商业银行”。绝大多数农商行是不可能成为真正的商业银行的。因为，现有的农商行在经营中，也必须把金融服务“三农”放在首要地位，而服务“三农”的金融业务中，有不少是带有政策性的，如小额农户信用贷款等。也就是，只要辖区内还存在支农需求，还没有完全实现“城乡一体化”，那么，不论农信社机构用什么名称，都不可能完全摆脱“政策性金融业务”，不可能成为真正完全的商业银行。（3）要十分重视选择优秀经营者担任“一把手”。“优秀经营者”是指，“懂金融、会管理、善经营、自我约束能力又很强的经营者”，他们是“不是老板的老板”。目前的农信机构是公有制的，预算约束还不可能真正“硬”。因而，经营的绩效与经营者（主要是“一把手”）素质的关系极为密切。实践反复证明，一个优秀经营者的调入，可以使一个“平庸”的农信机构迅速变得优秀；同样，一个优秀经营者的离去，可以使一个本来优秀的机构很快走向“平庸”。因此，办好农信机构的关键就是，发现、培养、起用优秀经营者。这一轮改革之所以效果显著，原因之一就是在这一方面比过去有很大长进。

（2）全面“股份化”：一轮略有争议的改革。

以《方案》为指导的改革告一段落，不等于农信社改革大功告成。无论是“省级管理”还是“县级法人”，都还需要继续改革。

2010 年 8 月，银监会合作金融监管部负责人提出，“县级法人”的下一步改革举措是全面取消资格股，将股份合作制改造为规范的股份制，符合条件的县级联社可以直接组建为农村商业银行，并且要求，从 2011 年开始，五年内完成改制。监管当局之所以推行“全面股份化”，主要原因大致如下：一则，股份合作制的股权构成复杂，又难以制定法律规范，而股份制则有《中华人民共和国公司法》可依，这就给监管带来方便；二则，现有的股份合作制股权太分散，股东的资产关切度甚低，通过股份制改造，造就一批较大的股东，可以提高股东对农信社资产的关切度，进而有助于改善经营；三则，能够增强县级法人的独立性，有助于遏制省联社的过多干预，促进省联社“重管理、轻服务”倾向的纠正。

一些人士对“全面股份化”提出异议，他们不赞成“一刀切”地股份化。

他们的主要担心有三。一是担心“全面股份化”后会过分促进农信机构的商业化倾向，进而影响对“三农”的服务。二是担心会增大“机构行为失控”的风险。股份制农商行是要遵循《中华人民共和国公司法》和《中华人民共和国商业银行法》的。依据这两个法律，要凭股权“说话”，农商行的控制权将归属大股东。因而，作为较大股东的民营企业的“权利意识”一旦觉醒，特别是他们之间又联起手来，就有可能依法获得农商行的掌控权。这样，就不但会影响对“三农”的服务，而且更危险的是可能使农商行成为他们的“提款机”，进而酿成金融风险。三是对于广大中小型农信机构，很可能是利小弊大。改制成为股份制农商行的最大好处是，这是申请上市及申请跨区域设置分支机构的先决条件。但是，这种好处是只属于很少数的大型农商行，广大中小型农信机构是没有可能享受到的。对于广大中小型农信机构来说，所得到的只是存款准备金率上调 3 个百分点，徒然增加负担而已。

针对上述情况，浙江省在改制为股份制农商行时，强调了“三个不变”：机构定位不变，仍然是主要为“三农”服务；机构性质不变，仍然是政策性金融与商业性金融并存；管辖关系不变，仍然由省联社领导、管辖。并且，浙江省将这“三个不变”写入农商行章程。同时，为防止民营工商企业大股东“夺权”，适当减少其持股比重。一般地，仅安排持股 5% 的股东 3 户，或者持股 3% 的股东 5 户。对于荷兰合作银行持股的杭州联合农村商业银行，则引入两家大型市属国企做大股东，以便在股权上“盖”过外资。

“全面股份化”的进展虽然没有完成预定计划，但是目前也已接近尾声。上海、北京、重庆、天津、江苏、湖北、安徽、山东、江西等省区市已经完成，河南在近期可以完成，其他省区也只剩下大小不一的“尾巴”了。

三、前景与小结

与经济体制改革一样，农信社的所有制改革也还没有最终结束，还在路上。下文，将讨论农信机构的改革前景，并对全文做一简单小结。

1.“省级管理”的前景

在 2003 年开始的一轮改革中，大多数省份的“省级管理”形式选择了“省联社”。由于省联社既有独立的金融企业法人资格，又是省政府下辖的正厅级行政单位。因此，其一出台，就被业界的某些人士批评为“怪胎”“非驴非马”。这就决定了省联社具有“权宜性”，迟早要成为“改革对象”。

到目前为止，京、沪、津、渝等直辖市和宁夏的“省级管理”改革已告一段落。四个直辖市选择“统一法人省级农商行”；宁夏选择了“金融控股公司”，即由省级农商行（黄河农商行）去控股各县级法人。此外，河南省也已确定选择“联合银行”（大体上相当于省联社改良版）并且已进入筹建阶段。其他省份的改革方案还在研究中，尚未最终定案。

据业界的观点，“省级管理”的改革模式除上述三种外，尚有“行业协会”“管理机构与服务机构分设”和“保持省联社现状”等。同时，也不排除涌现新的模式。业界人士还指出，选择“统一法人省级农商行”和“金融控股公司”是需要特殊条件的，如巨额资金、地域的特殊性等等，难以普遍仿效。因此，其他尚未定案的省份，主要还将在其他几种模式中选择。

省联社问世以来，工作成绩显著，但也一直存在“重管理、轻服务”倾向。努力减轻乃至消除这一倾向，实为这一轮“省级管理”改革的核心任务。上述倾向之所以挥之不去，首先是由于机构性质。省联社的“行政性”偏强了一点。其次是由于“历史”渊源。省联社的基本班底源自农业银行的信用合作管理部门，一直是搞“管理”的，缺乏“服务”经历，“服务意识”有所不足。进而，不论选择什么模式，都应当注意三点。一是要适当减弱机构的行政性。二是要有针对性地选配领导班子。在德才兼备的前提下，少考虑原来的行政级别，多考虑事业精神与服务意识，尤其要注重从基层选拔优秀人才，破格选拔县级法人中的优秀经营者进入“省级管理”机构的领导班子。三是要强调服务，要寓管理于服务之中，使优良的服务成为团结凝聚全农信系统的有力纽带。对此，省政府应当对“省级管理”机构“有要求，勤督促，严考核”。

2. 县级法人的前景

在完成“全面股份化”之后，县级法人的全面的所有制改革将会“休整”一段时间，个别机构的变革则仍将继续。

比如，上市。现在已经有 8 家农商行上市了，A 股 5 家，H 股 3 家。今后肯定会有更多的优秀农商行上市。

又如,“独立”。如果县级法人的辖区内完全实现“城乡一体化”,没有了“支农需求”，其规模又较大，独立“生存”能力也相当强，可能还是“上市银行”，那么，就不排除这样的可能，个别农商行脱离“省级管理”的管辖，独立出来，并取得类似于城市商业银行的地位。当然，机构的所有制性质还是“公有”，还是地方国有商业银行。

再如，“民营”。如果辖区内完全实现“城乡一体化”，不再存在“支农需求”，那么，县级法人在转型成为完全的商业银行时，不排除有个别机构转为“民营”的可能性。也就是，通过股份的转让、重组或引入战略大股东，成为由民间资本主导的商业银行。这里需要注意的是，主导者不能是工商企业主，而应当是金融企业家。因为工商企业主掌控银行，“脚踏两条船”，是很容易引致重大金融风险的，已经有过多次教训。

3. 小结

从总体看，我国农信社的所有制改革是成功的。这主要表现在：既促成了“三农”金融服务的大大改善，又促成自身经营绩效的良好成长，使得农信机构较好地扮演了农村金融主力军角色。

之所以会成功，主要是找到了适合国情的基本运作模式，即政府主导下的政策性金融与商业性金融结合；并且在此模式框架内，各地因地制宜选择了适合当地实际的“公有制实现形式”。在可预见的将来，遵循这一运作模式的农信机构，始终是我国农村金融中不可替代的主力军。

鉴于我国改革的“渐进”性与国情特色，改革过程中难免会出现一些欠规范甚至“名不副实”的事物。但是，只要实际效果好，又能为公众接受，那么，就应当容忍，并在改革深化中加以完善。

鉴于我国的历史、文化原因，合作制金融的发展有相当的难度。从长远看，合作制金融肯定会有大的发展；但是在可预见的未来，则不能抱有大的期望。

关于当前如何推行“积极财政政策”的几点认识

当前，鉴于经济运行中的“不确定因素”甚多，经济增长放缓，因而，需要实施“积极的财政政策”，适度增加财政赤字，以扩大内需、稳定经济。对此，各方面已达成共识，没有异议。然而，对于“积极财政政策”的具体内容，则尚有较大分歧。一些人士主张侧重于“减税”，另一些人士则主张侧重于“增加基建投资”。

笔者认为，毫无疑问，“减税”与“基建投资”，都是当前“积极财政政策”中的应有内容，但是两者不是“积极财政政策”的全部，更不是一切“减税”“基建”都符合当前应当实施的“积极财政政策”要求。当前应当推行什么样的“积极财政政策”，不能停留在是“减税”为主还是“基建投资”为主的讨论上，而需要进行更深入、更全面的剖析，取得更深刻的认识。笔者的见解主要如下：

1. 应当优先考虑长期效果

目前实行财政扩张政策实属不得已而为之，为了减少副作用，在实施中，首先应当更注重长期效果，不能过于追求短期政策目标。否则，就会像抽鸦片，“烟瘾”越来越大，经济痼疾、社会矛盾也会愈来愈尖锐。以往已经有过这样的教训，这次，不能再重蹈覆辙。

2. 要注意实际国情

我国目前还是半计划半市场经济，而不是真正的市场经济，经济运行机制及政策效应与西方发达国家有明显的差异。因而，不能简单地搬抄西方发达国家的做法与理论。

3. 要注意抓住机遇

目前，经济形势逼迫我们不得不再一次实行财政扩张、增加赤字，这不仅是一剂“苦药”，同时也是一次机遇。应当切实利用这一机遇治理经济痼疾。首先是社会贫富差距过大问题。要通过实施积极的财政政策努力缩小贫富差距，进而扩大内需。这一点十分重要。为此，财政收入要向强者、富人“倾斜”，让强者、富人多纳税；财政支出则要向弱者、穷人倾斜。其次是环境污染问题。再次是产能过剩问题。总之，当前实施的“积极财政政策”必须有助于这些经济痼疾的缓解与消除。

4. 关于减税

20 世纪 80 年代，美国里根总统当政时的减税相当成功。当时美国的经济背景是：一方面，正值技术革命“第三次浪潮”的高峰期，新技术供给十分充沛，对资金的需求旺盛；另一方面，则由于社会储蓄率欠高，缺乏足够的可供新技术吸纳的资金。里根总统通过减税使国民收入分配向富人倾斜。由于富人的收入消费倾向较低，储蓄倾向较高，因而提高了社会储蓄率，使得新技术供给能够比较充分地与资金结合，形成现实生产力。进而，经济增长加快，国民收入分配也呈现“帕累托最优”。目前，美国的特朗普总统也在减税，从其方案看，也是让国民收入分配向富人倾斜的，至于能够在多大程度上取得成功，那就要看美国目前的新技术供给量，能否充分吸纳新增加的储蓄。

目前，我国也是需要减税的，但是，必须看到，我国目前的经济背景与里根当年的美国完全不一样，因而做法也必须完全不一样。我国的国情是：社会储蓄率甚高，而新技术供给则甚感不足，社会贫富差距明显偏大，民营中小微企业负担过重。因此，我国当前的减税绝对不能像当年里根那样让国民收入分配向富人倾斜，而应当让国民收入分配向弱者、穷人倾斜。一是要给民营中小微企业（尤其是小微企业）减轻“税负”。应当看到，国有企业与民营大企业由于有着种种优惠乃至特权，因而，它们的实际负担远远轻于民营中小微企业（尤其是小微企业），这是很不妥当的，亟待纠正。要切实减轻民营中小微企业（尤其是小微企业）负担，特别要注意，千万不可一头减“税”，另一头又增“费”，结果负担反而加重。二是要把包括资本性收入的各种收入都计入“个人收入”，使个人所得税成为真正的“个人所得税”，而不再仅仅是“工薪税”；要切实“抓大放小”，让中等与中低收入者的税负有所下降，高收入者的税负则有所上升（比如，大体上可以月收入 2 万元为分界线）。

5. 关于增加基建投资

从增加即期内需的短期效果看，毫无疑问，基建投资是最有效的，尤其是“铁公鸡”，一个大项目就是几十亿、几百亿甚至超千亿元。但是，从长期效果看，则就不一定了。只有具有良好经济效益的项目，或者有助于经济痼疾有效缓解的项目，才有良好的长期效果。否则，只会增加债务甚至造成巨大浪费。应当注意到，在经过“上世纪末”及“四万亿”等两轮大规模基建投资后，目前具有良好经济效益的大项目已经很少了，选择时，一定要慎重，尤其是“铁公鸡”大项目，过于超前的基础设施项目不能选，宁缺毋滥。在增加基建投资方面，当前有两个重点。①大力发展保障性住房。这既能扩大内需，又能够有效地促进社会贫富差距的缩小，十分值得重视。②鼓励民间投资。主要做好两方面工作：一是进一步消除对民间资本有“歧视性”的规定；二是由于民间资本对市场导向敏感，因而通过缩小贫富差距便可以健康地拉动民间投资。传导途径是：缩小贫富差距——增加社会消费——扩大市场规模——拉动民间投资。

6.“积极财政政策”的投入重点：努力缩小社会贫富差距

社会贫富差距显著，是我国当前经济痼疾中的重点问题，是造成内需不足的关键，也是造成当前社会矛盾日益激化的主要原因。因此，这应当是“积极财政政策”的投入重点。应当利用当前财政扩张的良机，通过“再分配”，有效地缩小社会贫富差距。这件事情做好了，那么，不但能够有效提升内需，而且能够大大促进社会和谐，进而，“积极的财政政策”也就圆满成功了。

当前，可以从矛盾最突出的地方入手“搬大山”。①住房。要在“规范”的基础上大力发展保障性住房。“规范”是指：要割断保障性住房与商品房的联系，保障性住房不得转为商品房；要实行“唯一”原则，一个家庭只允许持有一套保障性住房（廉租房或经济适用房），以后购买商品房后，必须交出保障房；保障性住房仅仅满足基本生活需求，面积不能大、有限制。廉租房面向常住人口（包括农民工），经济适用房面向户籍人口中的中等及中低收入者。城市中要以财政资金为主导，大力发展保障性住房，使之成为住房供给的“大头”。如果做到了，那么，“只住不炒”原则就能落实，房地产市场就能稳定，房价就能合理回落。进而，收到多方面的良好效果。一则，住房“大山”搬走，有效地缩小了社会贫富差距，大大促进了社会和谐；二则，内需大大增加，既促进了投资，又促进了消费；三则，有效地促进了农民工在城市安家落户，进而有效地促进了“城市化”，促进了“留守儿童”问题的解决。②医疗。要加速发展公费医疗，加速向全民免费医疗靠拢。当务之急是向全体国民提供完善的大病保险。③养老。要加大对养老事业的投入，要尽快落实对老人中的独生子女父母与失独父母的补贴，要进一步关心农村中的养老问题。④教育。遵循“普通教育公费，职业教育自费”原则，要增加对普通教育的投入，真正做到完全“公费”；要增加投入、促进“教育资源公平化”早日实现；等等。至于大学贫困生的学费，主要还是应当依靠勤工俭学、贷款、奖学金、参军补助、社会资助等解决。⑤扶贫。要加大投入、加快步伐、适当提高脱贫标准。

关于增加对环境污染治理及过剩产能处置的财政投入问题，在此就不详述了。

2019 年

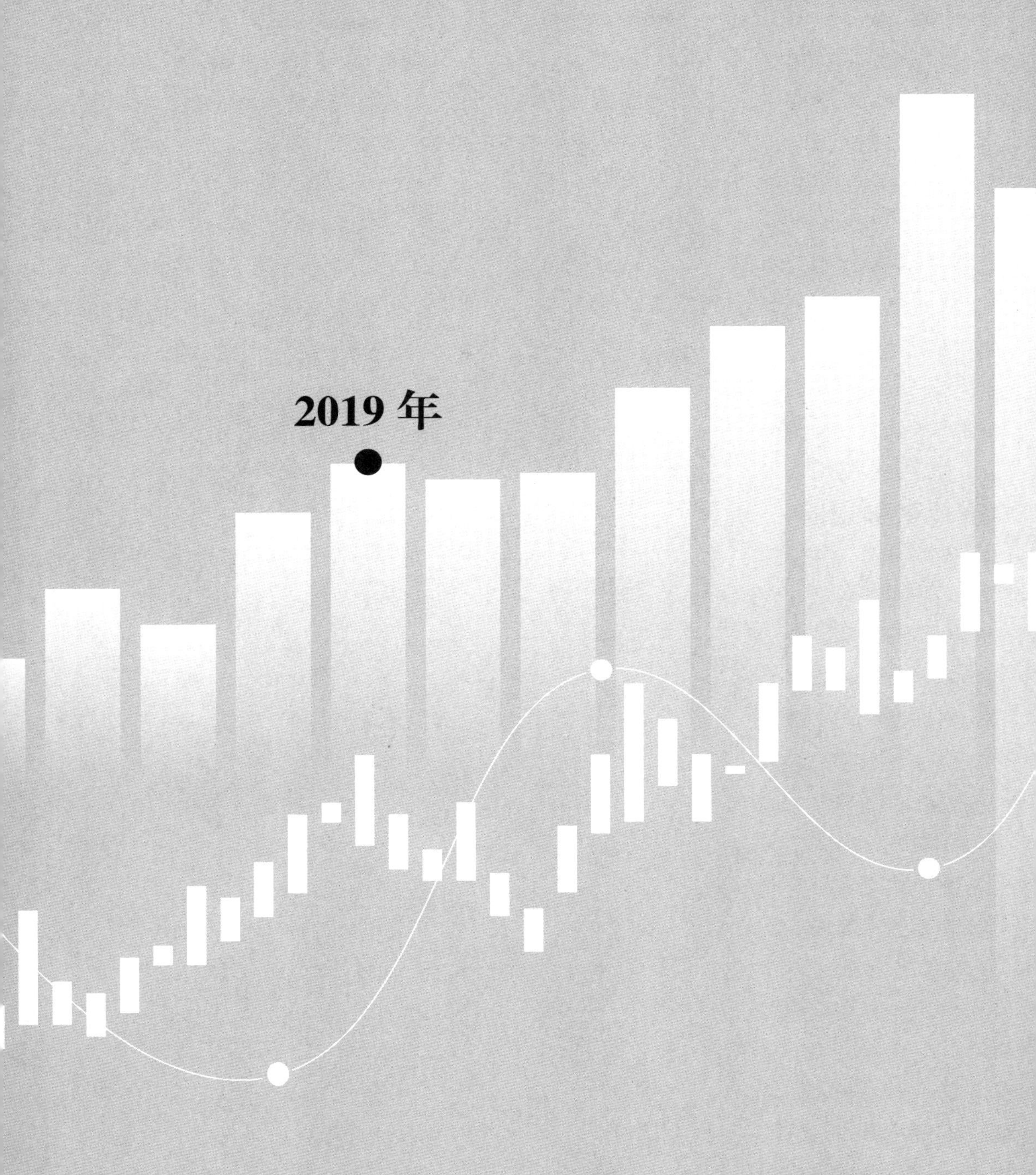

扩大内需要抓准重点、综合对策

一、扩大内需的重点应当是通过缩小贫富差距进而拓展消费

众所周知，今年，我国经济发展的道路艰辛，不确定因素甚多。如何应对？关键在于“做好自己的事情”。其中，十分重要的一项便是切实扩大内需。对此，大家已经形成共识。但是，扩大内需的重点是什么？认识还很不一致。一部分人士认为，扩大内需的“重中之重”是扩大固定资产投资，尤其是基础设施投资。对此，笔者不敢苟同。

诚然，通过扩张基础设施投资来扩大内需，简单易行、见效快，批准一个大项目，就是几十亿乃至超百亿元。但是，目前的情况已经完全不同于 20 世纪 90 年代末。那时候，我国的基础设施普遍比较落后，因而投资效益良好，投入的资金基本上都能成为“优质资产”。目前则不然，经过 20 年的大规模建设，总体看，我国的基础设施已经较为完善，甚至还有所超前，真正有良好效益的项目已经很稀少了。尤其是在经历了 2008 年“四万亿”后，不但基础设施建设有所超前，而且还引致了产能过剩、政府债务包袱沉重等问题；同时也加大了社会贫富差距，引发了多种社会矛盾。目前若再把基础设施投资作为扩大内需的“重中之重”，则无异于“饮鸩止渴”，虽然能够获得一时之痛快，但是中长期效果堪忧，政府债务问题、产业结构问题、贫富差距过

大问题、民怨问题等等，均会加剧。显然，这条路不能再走。

目前扩大内需的重点应当放在努力缩小社会贫富差距上，通过缩小社会贫富差距，来增加消费，进而扩大总需求。主要理由如下。一则，目前我国的社会贫富差距已经严重偏大。我国的社会贫富差距是从 20 世纪 90 年代开始快速上升的。世界银行 1997 年的《世界经济发展报告》称：中国在短短几年中，便由贫富差距较小的国家转变为贫富差距较大的国家，这是世界经济发展史中所少有的。目前，我国的基尼系数（国家统计局数据为 0.47 左右；学者的数据更高，中国社科院称 2006 年为 0.496；新华社的两位研究员称 2010 年已超过 0.5；西南财大称已达到 0.61）高于所有发达国家及多数发展中国家。据联合国公布，2007—2008 年度，126 个国家中，基尼系数高于我国的仅有 33 个。财产占有的差距就更大,20% 最富有者占有了 80% 的财产；其中最富有的 0.15% 占有了财产总额的 28%。这种严重偏大的贫富差距，正是目前的消费需求不足、消费率偏低、内需不足，以及社会不稳定因素不断增长的主要根源。二则，这种严重偏大的社会贫富差距，背离了改革的初衷与方向，如果不能有效地纠正，将会导致改革失败。随着社会生产力的发展，贫富差距扩大，出现两极分化，乃是古典资本主义制度的特征。马克思在《资本论》中称此为“资本主义积累的一般规律”，是资本主义制度的根本性弊端；由此，引致了消费相对萎缩、总需求不足、资本主义经济危机周期性爆发。在欧美发达资本主义国家中，直到 1929 年经济大危机为止，经济运行都是符合“资本主义积累的一般规律”的；“二战”后，则通过国家干预及强有力的“二次分配”，基尼系数有所下降并且控制在相对合理的范围内，经济运行不再符合“资本主义积累的一般规律”。即使出现经济衰退、危机，起因也不再是“总需求不足”，而往往是“总需求过旺”。现在，我国在改革过程中出现了“古典资本主义特征”，这显然是不符合改革方向的，更是与我国的“社会主义”称谓格格不入的。邓小平在 1993 年时说过，现在财富多起来了，要注意防止出现贫富两极分化，如果两极分化了，改革就失败了。三则，目前是治理社会贫富差距过大的又一个良好“窗口期”，机会不可错失。治理社会贫富差距过大需要实行扩张性的财政政策，因此，不适合在总需求过旺、通胀率高企、通胀预期强烈之时推出。而目前，正是内需不足、总需求不足之时，需要提升内需、总需求之时，并且，决策层已经确定要实施扩张性财政政策。显然，这是治理社会贫富差距过大的良好机会。以往，曾经出现过两次好机会，1999 年和 2008 年，可惜都没有抓住，错过了，希望这次不要再错失良机。

把扩大内需的重点放在通过缩小贫富差距进而拓展消费上，并不意味着不重视投资，而是出于以下考虑：一则，投资要量力而行，不能冲击“重点”。二则，要对国有项目、基础设施项目进行严格审查，仅仅批准那些真正必需的、有良好效益的项目，特别要谨慎对待、严格控制那些“改造自然”的超大型项目，避免劳民伤财、祸国殃民。三则，应当看到，随着国内消费的上升、市场规模的扩大，将会拉动投资，尤其是民间投资。

二、目标与措施要点

要确定清晰的目标：争取在 5 年或稍多一点时间内，把基尼系数降低到 0.4 以下，把积累率降低到 30% 或略低。要通过采取得力的综合措施，有效提升弱势阶层的收入，尽快搬掉医疗、住房、教育、养老等“大山”，改善消费环境，使得广大老百姓有能力消费、敢于消费、乐于消费。要做到征税向富人、强者倾斜（多征），逐步做到社会福利向穷人、弱者倾斜。

就目前的实际情况，应当实施的主要措施有十项，其要点如下：

（1）要把缩小社会贫富差距、降低基尼系数，作为最重要的经济类指标，列入地方政府的政绩考核体系。同时，也要把“搬走大山”、改善消费环境，列入地方政府政绩考核。

（2）完全放开银行存款利率，不要上浮超过 40% 就来个“窗口指导”，以便通过市场机制消除存款负利率。这既能保障中低收入者及小客户的利益，又能使小型商业银行大大受益，进而使小微企业大大受益。由于完全放开银行存款利率后，“理财产品”的生存空间大大缩小了，因而监管部门与大中型银行也是受益者。

（3）医疗。要以实现全社会免费医疗为目标，切实加快医疗改革步伐，争取 5 年左右基本实现改革目标。

（4）住房。大力规范与发展保障性住房。要严格切割商品房与保障性住房。个人拥有的保障性住房只能供其本人使用，不得在商品房市场出售，也不得转租。常住人口可以申请租用廉租房，户籍人口可以申请购买经济适用房。已经拥有商品房者，不再有资格申请保障性住房。拥有保障性住房者，可以购买商品房，但是购买后，必须退还保障性住房。经济适用房只能“价值继承”，不能“实物继承”。

（5）教育。各级政府都要牢固树立“教育是民族的未来”的观念。要加速推行 12 年义务教育，而且应当是包含免费午餐的彻底的义务教育。在义务教育中，要努力推进“教育资源公平化”，尤其是要多渠道解决好“留守儿童”问题，要努力创造条件，使他们尽可能跟随父母亲生活。城市中，要以街道、社区为单位设置良好的学前教育（含幼托）机构，以消除年轻父母们的后顾之忧。要进一步完善大中专贫困学生的资助体系，采用多种方式有效资助，如勤工俭学、先服兵役、奖学金、助学贷款、社会资助等等。

（6）养老。现在的养老金是“三轨制”——公务员加事业单位、城镇企业、农民。要切实加大“控高提低”力度，重点应当放在最低的那一轨上。要尽快使“农民工”都能够拿到城镇企业那一轨的退休金；要使广大农民在满 60 岁后都能够拿到一定的退休金，三年后，每人每月不低于 600 元，五年后，每人每月不低于 1000 元。各级地方政府还应当根据各地的实际需要，完善相应的养老设施。

（7）完善“富人税”体系。“富人税”是指主要甚至完全由富人缴纳的税收。对于已有的税种，如个人所得税、奢侈品消费税等等，要加强征管，减少偷漏。还要根据实际情况，适当设置新税种，比如，从高消费角度征收“住宅消费特别税”，征收对象是豪宅与第三套及以上住宅。以购入价格计税，税率累进，税收收入用于补贴保障房。此税开征在技术上没有困难，住宅状况可以先自报、后调查。若有瞒报，就没收充公，从而应当从速开征，税收收入用于补贴保障房。又如，应当针对富人移民征收“大额财产国籍变更税”。富人移民海外变更国籍时，其名下的财产必须缴纳不菲的税收。

（8）反腐收入“公开化”。这几年，“大老虎”抓了不少，但是，“缴获”几何？流向何处？普通百姓一无所知。应当向广大人民群众公开，并且将其中的“大头”以贫困者医疗费用补助、企业退休员工节日红包、小微企业税费减免等形式转移给弱势阶层，让广大群众了解并且享受到反腐成果。

（9）严厉“打假”，净化消费环境、商业环境、社会环境。2015 年，习近平总书记就针对食品安全问题提出“四个最严”（最严谨的标准、最严格的监管、最严厉的处罚、最严肃的问责）要求。目前，这“四个最严”没有过时，不但在食品行业还有必要深入贯彻，而且还应当推广到全部商业领域，对商业欺诈零容忍。在欧美发达国家中，向银行提供虚假信息，即使没有构成不良后果，也是重罪，出售假冒伪劣商品更是重罪。这些，值得我国借鉴。总之，要使得商业欺诈行为的成本极高。

（10）努力完善“一次分配”。“一次分配”毕竟是基础，如果严重“失衡”，则“二次分配”也将“无力回天”。目前，我国维护劳动者利益的只有一个“最低工资线”，这是远远不够的。虽然，有关法规规定，企业员工的工资水平，由企业员工与资方协商决定，但是如何落实，仍然“道阻且长”。在广大农民方面，目前没有农会，怎样使农民发声、怎么发出足够的声音，也还有待探索。

从贷款增长剖析浙江省村镇银行

一、导语

“新型农村金融机构”村镇银行是农村金融的生力军。2006年冬开始在中西部6个省区率先试点；一年后，试点扩大到全国。出台村镇银行的初衷是，改善对“三农”的金融服务、促进普惠金融发展，进而促进“社会主义新农村建设”。

为实现初衷，不仅要依靠村镇银行自身的信贷增长，更重要的是要求村镇银行发挥“鲇鱼效应”，冲击农信机构在农村金融中的垄断地位，迫使农信机构转换经营机制，改进金融服务。

目前，浙江省有村行73家，已经实现了“县域全覆盖”（嵊泗县因面积小，金融机构相对较多，当地政府认为无必要再设。开化因为已有贷款公司，不能再设）。其中，慈溪、宁海、象山还各有两家。

这73家村行中，成立于2008年的有5家，2009年也是5家，2010年11家，2011年19家，2012年9家，2013年12家，2014年11家，2016年1家。

这73家村行分别由32家法人银行主发起。其中，农商行12家，共主发起37家村行；城商行11家，共主发起14家村行；股商行5家，共主发起8家村行；国有银行4家，共主发起14家村行。在浙江省，主发起村行最多的是杭州联合银行，字号“联合”，共有 10 家；其次为建设银行，字号“建信”，共有 8 家。不过，这 8 家“建信”已于今年 8 月 27 日打包卖给了中国银行，也已获得银保监会的批准，只是交接、更名手续尚未办完。再次是南浔农商行和鹿城农商行，各有 6 家，字号分别是“湖商”和“富民”。中国银行旗下的村镇银行的字号是“中银富登”，现有 4 家，其中北仑富登是从国开行手中打包（共 15 家）买过来的；8 家“建信”交接、更名完成后，在浙江省的中银富登就有 12 家了，将成为浙江省主发起村行最多的银行。（目前，包括省内省外，浙江省主发起村行最多的银行是鹿城农商行，已经开业 43 家，省内 6 家，上海、河南各 1 家，江西 8 家，贵州 27 家再加上一个村行管理部，在筹建中的还有 5 家。其次是鄞州银行，“国民系”24 家。再次是瓯海农商行，“恒升系”16 家。达到 10 家的还有：杭州联合农商行 14 家，南浔农商行 14 家，龙湾农商行的“恒通系”12 家，民泰银行 10 家。台州银行旗下虽然只有 7 家村行，但是总资产超过 300 亿元，其中赣州银座是总分行制的，辖区有 18 个县域，共开设 19 家支行）

就村行的“质量”看，以主发起行自身就是以“小微”“三农”为主要服务对象的那些城商行、农商行为优。其中，台州银行、泰隆银行是其中的佼佼者。这两家银行主发起的村行（不算今年新成立的共 9 家，其中省内 3 家、省外 6 家）全部是监管二类行。国有大银行主发起的村行一般均不出众。其他银行主发起的村行则各有千秋。

总体看，浙江省的村镇银行的发展水平是在全国平均值以上的。比如，2017 年全国的县域覆盖率只有 68%，而浙江省 2016 年就实现了“县域全覆盖”。又如，2017 年 9 月末，全国村行的户均贷款为 7.5 亿元左右，而浙江省则为 10.2 亿元，并且浙江省村镇银行中还有不少耀眼的亮点。

2015 年，笔者曾通过考察村镇银行的存款增长来剖析其活力状况，这是因为当时，存款是村行发展中的“瓶颈”与焦点。2016 年后，情况有所变化。一则，由于不再考核村行的存贷比，允许使用拆入资金、同业存款放贷，进而，村行的贷款不再受制于存款。二则，经济形势变化，银行机构的不良贷款上升，贷款的有效需求不足，使得制约贷款增长的主要因素变为挖掘贷款有效需求的能力与风控能力。因此，在目前，直接考察村行的贷款增长更能反映其经营活力。在考察中，不仅要关注其贷款余额的增长，更要关注其贷款余额占当地农信机构贷款余额的比重（即“相对规模”）的增长。因为，“相对规模”在10%以下时，是很难对农信机构造成重大竞争压力的。

二、主要情况与问题

表1是浙江省2013—2018年6月村镇银行合计的贷款增长情况。表2是2011—2018年6月浙江省各村镇银行的贷款余额及占当地农信机构的比重。从此二表中发现的主要情况如下。

表1　2013—2018年6月浙江省村镇银行贷款增长状况

		2013年	2014年	2015年	2016年	2017年	2018年6月
村镇银行贷款	余额/亿元	440.09	543.17	624.21	686.72	760.62	792.95
	同比增长/%	21.67	18.42	13.87	9.55	10.78	8.65
农信机构贷款	余额/亿元	8267.28	9279.20	10210.56	11001.68	12145.17	13090.51
	同比增长/%	12.24	11.97	10.94	7.75	10.39	11.87
全部金融机构贷款	余额/亿元	65338.54	71361.00	76466.33	81804.50	90233.30	97835.28
	同比增长/%	9.80	10.92	10.72	10.70	10.30	13.10
村镇银行增长率/农信机构增长率		1.77	1.54	1.27	1.23	1.04	0.73
村镇银行增长率/全部增长率		1.81	1.69	1.29	0.89	1.05	0.66

资料来源：中国人民银行杭州中心支行。

注：村镇银行贷款增长率中的不可比部分，即当年新成立机构的贷款，已经剔除。

表 2　2011—2018 年 6 月浙江省各村镇银行的贷款情况

		2011年	2012年	2013年	2014年	2015年	2016年	2017年	2018年6月	得分
建德湖商	贷款余额/亿元	6.48	7.06	8.76	8.79	8.12	7.16	8.30	8.74	3 丙
	占农信的比例/%	18.25	16.84	17.75	15.33	12.28	9.62	9.33	8.67	
象山国民	贷款余额/亿元	4.27	6.66	9.96	13.65	17.10	19.12	19.80	18.52	11 甲
	占农信的比例/%	9.95	13.46	17.27	19.67	21.30	21.30	21.07	18.47	
余姚通济	贷款余额/亿元	2.90	4.15	4.06	4.13	4.16	4.07	3.97	4.21	2 丙
	占农信的比例/%	2.39	3.00	2.60	2.32	2.09	1.91	1.75	1.79	
奉化罗蒙	贷款余额/亿元	1.56	1.93	2.27	2.24	2.34	2.81	2.42	2.52	2 丙
	占农信的比例/%	3.83	4.11	4.21	3.50	3.10	3.62	2.77	2.64	
永嘉恒升	贷款余额/亿元	8.52	10.16	12.01	12.02	12.63	13.30	14.58	15.88	6 乙
	占农信的比例/%	15.00	15.18	15.44	13.52	12.73	12.09	12.12	12.26	
苍南建信	贷款余额/亿元	8.06	1.02	13.13	13.14	13.28	13.75	14.28	13.35	4 丙
	占农信的比例/%	8.28	9.99	10.16	9.28	8.51	8.14	7.71	6.59	
乐清联合	贷款余额/亿元	27.39	35.65	34.80	30.26	30.39	29.26	31.55	32.54	4 丙
	占农信的比例/%	22.74	24.87	20.77	15.94	14.37	11.97	11.78	11.39	

续表

		2011年	2012年	2013年	2014年	2015年	2016年	2017年	2018年6月	得分
嘉善联合	贷款余额/亿元	12.73	14.66	16.22	18.00	16.63	16.89	18.01	19.09	7乙
	占农信的比例/%	18.81	19.28	18.92	18,91	16.34	14.99	14.52	14.32	
平湖工银	贷款余额/亿元	13.90	14.48	15.05	15.01	14.93	15.11	17.04	18.07	6乙
	占农信的比例/%	16.19	15.43	14.48	13.11	12.03	11.45	11.83	11.74	
长兴联合	贷款余额/亿元	26.08	26.96	30.45	33.97	37.17	40.18	43.75	45.56	13甲
	占农信的比例/%	31.02	29.48	29.26	28.94	29.01	29.38	28.93	28.05	
安吉交银	贷款余额/亿元	8.32	12.68	14.73	12.36	11.85	12.29	13.57	12.26	4丙
	占农信的比例/%	13.25	17.09	17.02	12.48	10.81	10.23	10.24	8.54	
嵊州瑞丰	贷款余额/亿元	10.21	11.36	13.59	14.57	15.12	15.21	17.09	18.54	7乙
	占农信的比例/%	14.47	13.85	14.36	13.60	13.34	12.85	12.81	13.20	
武义建信	贷款余额/亿元	4.82	6.62	8.27	8.42	8.93	8.77	8.01	5.98	4丙
	占农信的比例/%	11.06	12.58	13.71	12.37	12.37	11.67	9.43	6.39	
龙游义商	贷款余额/亿元	4.98	7.50	7.80	8.40	9.20	8.60	8.56	8.47	5丙
	占农信的比例/%	15.20	18.02	15.59	14.44	14.08	12.52	10.62	9.56	

续表

		2011年	2012年	2013年	2014年	2015年	2016年	2017年	2018年6月	得分
岱山稠州	贷款余额/亿元	4.50	5.50	5.40	5.53	5.67	6.11	5.58	6.11	7乙
	占农信的比例/%	17.46	19.57	17.03	16.26	15.75	16.85	13.58	13.84	
临海湖商	贷款余额/亿元	6.94	7.67	8.46	10.18	8.95	7.39	8.64	8.85	2丙
	占农信的比例/%	9.56	9.01	8,62	8.97	6.66	4.97	5.35	4.97	
玉环永兴	贷款余额/亿元	8.33	9.01	9.15	10.04	11.29	12.50	14.83	16.84	8乙
	占农信的比例/%	17.66	16.79	15.15	14.80	14.93	15.60	16.70	17.16	
三门银座	贷款余额/亿元	8.46	10.19	14.02	16.00	17.07	20.12	23.03	25.69	18甲
	占农信的比例/%	40.99	47.94	45.34	42.70	39.54	41.60	41.68	40.58	
青田建信	贷款余额/亿元	3.68	5.26	6.16	5.41	5.51	5.58	5.71	5.28	2丙
	占农信的比例/%	13.46	15.32	14.20	9.61	8.23	7.70	7.11	6.24	
庆元泰隆	贷款余额/亿元	2.10	3.30	4.90	5.76	7.09	8.85	10.08	11.01	16甲
	占农信的比例/%	17.56	23.44	29.41	29.34	32.82	34.91	33.27	32.70	
新昌浦发	贷款余额/亿元	6.40	8.76	11.07	12.42	13.24	14.41	16.00	16.68	10乙
	占农信的比例/%	17.77	19.68	20.42	20.27	19.31	20.10	20.40	19.94	

续表

		2011年	2012年	2013年	2014年	2015年	2016年	2017年	2018年6月	得分
兰溪越商	贷款余额/亿元	3.70	6.20	8.47	10,99	12.04	12.16	12,09	12.04	7乙
	占农信的比例/%	7.82	11.21	13.54	15.45	15.88	14.59	13.00	12.12	
缙云联合	贷款余额/亿元	3.30	5.29	5.71	4.98	4.94	4.81	5.60	6.47	6乙
	占农信的比例/%	13.70	18.38	17.13	13.10	11.78	10.85	11.07	11.74	
常山联合	贷款余额/亿元	4.06	5.80	7.14	8.29	9.38	9.52	10.12	10.41	9乙
	占农信的比例/%	20.53	23.33	23.18	22.07	22.89	21.68	19.87	18.66	
鄞州国民	贷款余额/亿元	1.52	2.23	2.83	2.64	2.47	2.75	2.94	4.03	2丙
	占农信的比例/%	0.47	0.61	0.69	0.57	0.50	0.52	0.52	0.66	
文成北银	贷款余额/亿元	0.89	2.30	3.06	4.23	5.17	5.62	7.32	7.48	9乙
	占农信的比例/%	3.91	8.50	9.50	10.75	11.44	11.31	13.19	12.43	
平阳浦发	贷款余额/亿元	3.00	4.79	6.59	7.78	7.26	6.14	3.33	2.98	1丙
	占农信的比例/%	6.97	9.31	10.69	10.48	8.41	6.49	3.23	2.63	
浦江嘉银	贷款余额/亿元	1.63	4.06	5.54	6.61	6.52	6.53	6.81	6.39	6乙
	占农信的比例/%	6.65	13.89	16.18	16.55	14.90	13.02	11.45	9.96	

续表

		2011年	2012年	2013年	2014年	2015年	2016年	2017年	2018年6月	得分
泰顺温银	贷款余额/亿元	1.34	2.80	3.59	4.20	5.07	5.36	6.06	6.10	6乙
	占农信的比例/%	7.03	12.48	12.91	12.31	12.79	11.93	11.71	10.72	
衢江上银	贷款余额/亿元	3.20	4.18	6.02	6.73	5.87	4.25	3.02	2.60	1丙
	占农信的比例/%	10.48	11.00	12.91	12,32	8.99	5.95	3.65	2.83	
江山建信	贷款余额/亿元	3.50	4.64	5.74	6.02	6.00	5.46	6.35	6.50	4丙
	占农信的比例/%	7.21	7.93	8.17	7.16	6.57	5.61	5.87	5.52	
磐安婺商	贷款余额/亿元	0.99	2.17	3.00	4.28	5.25	5.38	5.49	5.49	7乙
	占农信的比例/%	4.83	8.68	9.79	11.23	12.06	11.29	10.38	9.46	
桐庐恒丰	贷款余额/亿元	2.56	6.38	8.36	8.65	10.63	10.18	9.63	9.77	5丙
	占农信的比例/%	5.20	10.69	11.60	10.82	12.16	10.78	8.78	7.78	
普陀稠州	贷款余额/亿元	3.47	5.08	7.56	7.46	5.82	4.61	5.32	5.33	2丙
	占农信的比例/%	6.75	9.15	12.14	11.22	8.72	6.87	6.76	6.20	
龙泉民泰	贷款余额/亿元	1.60	3.40	5.80	8.90	11.21	12.21	13.34	12.85	16甲
	占农信的比例/%	11.34	19.18	26.11	32.45	35.32	35.57	33.70	28.77	

续表

		2011年	2012年	2013年	2014年	2015年	2016年	2017年	2018年6月	得分
北仑富登	贷款余额/亿元	0.61	4.41	4.72	3.01	4.56	5.61	5.30	4.97	2丙
	占农信的比例/%	1.10	7.07	6.65	3.70	5.04	5.54	4.53	3.94	
宁海建信	贷款余额/亿元	0.39	1.18	2.00	2.35	2.20	2.25	1.85	1.75	0丁
	占农信的比例/%	1.15	2.96	4.37	4.45	3.33	3.16	2.20	1.84	
温岭联合	贷款余额/亿元	2.09	13.34	22.79	36.19	40.33	43.02	45.05	43.63	9乙
	占农信的比例/%	1.85	10.46	15.82	21.41	21,05	20.58	19.78	17.79	
慈溪民生	贷款余额/亿元	12.05	12.20	12.07	10.02	11.46	12.25	10.36	9.50	2丙
	占农信的比例/%	5,45	4.94	4.40	3.27	3.45	3.70	2.88	2.47	
慈溪建信	贷款余额/亿元	0.56	1.56	1.72	2.15	1.79	2.01	1.90	1.59	0丁
	占农信的比例/%	0.25	0.63	0.63	0.70	0.54	0.59	0.53	0.41	
镇海富登	贷款余额/亿元		0.64	1.00	1.23	1.86	2.14	2.84	3.38	5丙
	占农信的比例/%		1.75	2.40	2.65	3.83	3.95	4.32	4.56	
临安中信	贷款余额/亿元		4.84	5.34	6.28	7.49	7.86	8.95	10.45	6乙
	占农信的比例/%		6.96	6.67	6.98	8.01	7,34	7,27	7.86	

续表

		2011年	2012年	2013年	2014年	2015年	2016年	2017年	2018年6月	得分
景宁银座	贷款余额/亿元		2.00	3.60	4.94	6.53	7.57	8.34	8.30	21 甲
	占农信的比例/%		18.52	27.54	33.93	41.07	43.38	43.99	39.54	
宁海富登	贷款余额/亿元		0.79	1.30	1.55	2.06	2.38	2.93	3.17	5 丙
	占农信的比例/%		1.98	2.84	2.94	3.12	3.34	3.48	3.33	
莲都建信	贷款余额/亿元		1.83	3.31	4.03	4.36	4.22	5.40	5.16	7 乙
	占农信的比例/%		5.08	7.61	7.80	7.75	6.90	7.87	6.99	
永康农银	贷款余额/亿元		2.10	3.37	3.69	3.90	4.20	4.56	4.80	5 丙
	占农信的比例/%		2.02	2.86	2.77	2.70	2.77	2.78	2.74	
桐乡民泰	贷款余额/亿元		3.16	6.72	9.50	11.6	12.59	14.42	16.49	7 乙
	占农信的比例/%		2.69	4.88	6.17	6.60	7.16	7.49	8.01	
天台民生	贷款余额/亿元		1.62	3.99	4.78	6.12	7.00	8.18	8.96	8 乙
	占农信的比例/%		4.43	9.27	9.01	10.32	10.87	11.32	11.08	
淳安建信	贷款余额/亿元		0.50	3.03	4.27	4.33	4.78	5.00	4.55	4 丙
	占农信的比例/%		1,25	6.45	8.01	7.31	7.32	6.62	5.56	

续表

		2011年	2012年	2013年	2014年	2015年	2016年	2017年	2018年6月	得分
江北富民	贷款余额/亿元			0.50	0.50	0.44	0.45	0.44	0.43	0丁
	占农信的比例/%			0.59	0.53	0.47	0.47	0.43	0.39	
海曙浦发	贷款余额/亿元			1.54	2.75	3.31	4.47	5.31	5.38	6乙
	占农信的比例/%			1.80	2.94	3.54	4.71	5.18	4.90	
德清湖商	贷款余额/亿元			3.95	6.89	9.68	12.72	16.23	18.00	8乙
	占农信的比例/%			3.57	5.64	7.40	9.07	10.69	10.98	
义乌联合	贷款余额/亿元			8.00	17.71	23.83	25.78	29.02	30.56	7乙
	占农信的比例/%			2.94	5.81	7.57	7.70	8.24	8.44	
余杭德商	贷款余额/亿元			6.50	11.52	17.27	20.50	24.83	26.97	6乙
	占农信的比例/%			2.33	3.67	4.75	5.08	5.51	5.57	
象山富登	贷款余额/亿元			0.78	2.57	3.47	3.93	4.14	4.24	5丙
	占农信的比例/%			1.35	3.70	4.32	4.38	4.40	4.23	
嘉兴德商	贷款余额/亿元			2.95	5.08	7.31	9.04	11.34	13.49	6乙
	占农信的比例/%			2.06	2.03	4.53	5.33	6.25	6.76	

续表

		2011年	2012年	2013年	2014年	2015年	2016年	2017年	2018年6月	得分
萧山湖商	贷款余额/亿元			3.50	7.22	7.97	8.65	10.14	10.40	4 丙
	占农信的比例/%			0.67	1.29	1.32	1.30	1.37	1.31	
遂昌富民	贷款余额/亿元			1.28	2.70	4.23	5.54	6.69	7.50	11 甲
	占农信的比例/%			5.41	9.83	14.02	16.96	18.12	18.87	
松阳恒通	贷款余额/亿元			0.51	2.33	4.61	5.42	6.29	6.39	9 乙
	占农信的比例/%			2.38	9.40	15.46	16.47	16.28	15.85	
柯桥联合	贷款余额/亿元			2.00	7.45	9.62	9.08	10.75	11.99	5 丙
	占农信的比例/%			0.55	1.39	2.45	2.23	2.45	2.61	
诸暨联合	贷款余额/亿元			3.95	8.38	14.86	19.27	21.76	23.04	7 乙
	占农信的比例/%			2.34	4.49	7.54	9.40	9.79	9.90	
洞头富民	贷款余额/亿元				1.72	2.72	4.03	5.00	5.53	12 甲
	占农信的比例/%				10.15	14.15	18.25	19.98	20.18	
云和联合	贷款余额/亿元				2.10	3.34	4.23	5.13	5.42	13 甲
	占农信的比例/%				13.96	20.20	24.20	24.31	23.24	

续表

		2011年	2012年	2013年	2014年	2015年	2016年	2017年	2018年6月	得分
富阳恒通	贷款余额/亿元				5.66	8.65	10.00	12.65	14.65	6乙
	占农信的比例/%				3.17	4.48	4.81	5.53	6.07	
东阳富民	贷款余额/亿元				4.15	6.16	10.72	13.59	15.44	7乙
	占农信的比例/%				3.17	4.18	6.63	7.55	7.83	
黄岩恒升	贷款余额/亿元				2.40	3.58	5.85	7.88	8.57	7乙
	占农信的比例/%				3.29	4.49	7.07	8.86	8.56	
上虞富民	贷款余额/亿元				2.92	4.45	7.17	9.58	10.40	5丙
	占农信的比例/%				1.47	2.14	2.32	4.04	4.15	
定海德商	贷款余额/亿元				1.88	3.65	4.10	4.61	4.86	5丙
	占农信的比例/%				2.47	4.64	5.18	5.03	4.88	
路桥富民	贷款余额/亿元				1.20	3.00	7.21	7.97	8.08	6乙
	占农信的比例/%				0.98	2.25	5,06	5.30	4.97	
瑞安湖商	贷款余额/亿元					1.09	2.67	3.39	3.55	4丙
	占农信的比例/%					0.69	1.43	1.64	1.60	

续表

		2011年	2012年	2013年	2014年	2015年	2016年	2017年	2018年6月	得分
海宁德商	贷款余额/亿元					3.56	5.80	7.68	8.64	5丙
	占农信的比例/%					1.93	2.96	3.56	3.74	
海盐湖商	贷款余额/亿元					1.05	2.60	4.00	4.53	5丙
	占农信的比例/%					1.28	2.97	4.49	4.27	
仙居富民	贷款余额/亿元						2.88	4.77	5.58	6乙
	占农信的比例/%						4.93	6.99	7.07	

资料来源：中国人民银行杭州中心支行。

评分规则：1. 相对规模分，按 2017 年末或 2018 年 6 月末（以大者为准）贷款余额占农信的百分比，每 2.5% 得 1 分，零头不计分。2. 持续增长分，贷款余额的最大值出现在 2017 年或 2018 年，得 2 分，出现在 2016 年或 2015 年，得 1 分，再早，0 分；贷款余额占农信的百分比的最大值出现在 2017 年或 2018 年，得 2 分，出现在 2016 年或 2015 年，得 1 分，再早，0 分。例：建德湖商，3 + 0 + 0=3；象山国民，8 + 2 + 1=11。得分在 11 分及以上为甲等；6—10 分为乙等；1—5 分为丙等；0 分为丁等。

1. 村镇银行贷款增长趋于乏力，呈现“疲劳”现象

（1）增速放慢。村行在成立数年后，多数机构的贷款增速已慢于当地农信。从总量上看，由表 1 可知，2013 年时，村行的贷款增速是农信的 1.77 倍，其后一路下滑；2017 年，仅为 1.04 倍，已基本持平，2018 年 6 月末，更低至农信的 73%（半年数变率大，只能参考）。分解到各家村行，则“增速趋缓、慢于农信”的现象就更为明显。成立于 2008—2011 年的 40 家村行中，有 28 家即 70% 的村行，贷款余额占当地农信比重的最大值年（下称“占比最高年”）出现在 2011、2012 和 2013 年，分别为 7 家、11 家、12 家，只有 12 家即 30% 的村行的“占比最高年”出现在 2014—2017 年，分别为 5 家、

4家、2家、1家。这就表明，大多数村行在成立3—5年后，贷款的增速就赶不上当地的农信，甚至一些很优秀的村行也是如此。比如，成立于2010年的三门银座，虽被公认为目前浙江省最优秀的村行，但其“占比最高年”是2012年。又如成立于2008年的浙江省第一家村行长兴联合，它曾经是全国村行的标杆，“占比最高年”是2011年。2013年以后成立的村行就较好，“占比最高年”基本上都在2017年和2018年6月。

（2）出现了相当多的贷款负增长机构。近几年来，村行中贷款负增长的机构比例相当高（见表3）。2013年还只有4家，占8.16%。2015年后，一直维持在14—17家，占比高达20%左右。一些村行之所以贷款负增长，多半是由于市场定位偏颇、不良贷款率上升，真实不良贷款率超过10%，甚至20%，以致不得不进行处置、调整。

表3　浙江省村镇银行贷款余额负增长机构数

		2013年	2014年	2015年	2016年	2017年	2018年6月
村镇银行	贷款余额负增长机构数/家	4	9	15	14	14	17
	占全部机构的比例/%	8.16	14.75	21.74	19.44	19.18	23.29
农信机构	贷款余额负增长机构数	0	1	1	0	0	
	占全部机构的比例/%		1.23	1.23			

资料来源：前文表2。

（3）出现“天花板”。仔细观察表2，可以发现，浙江省的村行，在贷款余额还远未赶上当地农信时，其贷款余额占当地农信的比重便停滞不前了，仿佛顶住了“天花板”。各家村行的“天花板”高度是不相同的。大体上，与主发起银行的“小微金融”活力呈正相关。“天花板”较高的，均为主发起银行自身就是主要为“小微”“三农”服务的小银行。台州银行旗下的“银座系”为45%左右；泰隆、民泰为35%左右；杭州联合农商行的“联合系”可以达到30%；温州鹿城农商行的“富民系”可以达到25%左右；鄞州银行的“国民系”为20%左右。大中型银行中浦发最高，可以达到20%左右；中国银行的中银富登系仅为 5% 左右，建设银行的“建信系”10% 左右。其他银行为 10%—15% 不等。之所以出现“天花板”，首先是由于农信的“反弹”。随着村行的“相对规模”的增大，尤其是达到 10% 以上时，就会对农信形成较明显的竞争压力。农信毕竟长期位居农村金融的老大位置，在当地拥有深厚的基础与资源。一旦“觉醒”，便能够阻挡村行的“冲击”。况且，省农信联社也不断要求下属机构遏制村行“野蛮生长”。

2. 业绩优劣分化，“欠理想”的机构多了一点

为使剖析深入、清晰，可以依据表 2 给各家村镇银行打分、划等。总得分大于等于 11 分，甲等，好或较好；6—10 分，乙等，合格或基本合格；1—5 分，丙等，较差或差；0 分，丁等，极差。

在 73 家村行中，甲等 9 家。乙等 31 家，丙等 30 家，丁等 3 家。“欠理想”的丙等＋丁等共计有 33 家，占总数的 45.21%，接近一半。显然，“欠理想”的村行是多了一点。

甲等行中，得分最高的是景宁银座，21 分；其次是三门银座，18 分；庆元泰隆与龙泉民泰各 16 分，并列第三；长兴联合和云和联合各 13 分，并列第五；以下是洞头富民 12 分、遂昌富民和象山国民各 11 分。

表 4　浙江 11 个地市村镇银行“质量”比较

	甲等	乙等	丙等	丁等	合计
杭州		3	4		7
宁波	1	1	8	3	13
温州	1	3	4		8
嘉兴		4	2		6
湖州	1	1	1		3
绍兴		3	2		5
金华		5	2		7

续表

	甲等	乙等	丙等	丁等	合计
衢州		1	3		4
台州	1	6	1		8
丽水	5	3	1		9
舟山		1	2		3
合计	9	31	30	3	73

3 家丁等行是江北富民、宁海建信和慈溪建信，均在宁波市。江北富民由沈阳市盛京银行主发起，2011 年 8 月成立，资本金 1 亿元。开业后，贷款余额一直徘徊在 4000 万—5000 万元，占农信的比重则由 0.59% 逐年下降到 0.39%，堪称奇葩。宁海建信和慈溪建信均成立于 2011 年，两行的贷款余额及“相对规模”均很低，而且 2014 年后还双双逐年下降；2018 年 6 月，两行的贷款余额分别为 1 亿元和 1.59 亿元，“相对规模”分别为 1.84% 和 0.41%。

浙江省村行的地区优劣差异明显。由表 4 可知，“质量”最好的是丽水市，9 家村行中，5 甲、3 乙、1 丙，“欠理想”的仅占 11%，“好”的占一半多。其次是台州市，8 家村行中，1 甲、6 乙、1 丙，“欠理想”的仅占 12.5%。殿后的是宁波市，13 家村行中，1 甲、1 乙、8 丙、3 丁，不仅“欠理想”的高达 85%，而且包揽了全省的丁等行。

3. 有 3 家村行已成为长不大的“小老树”

这就是鄞州国民、余姚通济和奉化罗蒙。这三家村行分别成立于 2011 年 3 月、2010 年 2 月、2010 年 9 月，它们均是由当地的农商行主发起的。从成立 8 年来的绩效看，它们均已成为长不大的“小老树”。鄞州国民，直到 2017 年末，贷款余额均在 3 亿元以下，今年上半年才有所上升；“相对规模”，最高的 2013 年才有可怜的 0.69%，目前为 0.66%。余姚通济，贷款余额从 2012 年起就基本上没有增长，一直徘徊在 4 亿元左右；“相对规模”最高点出现在 2012 年（3.00%），目前是 1.79%。奉化罗蒙，贷款余额从 2013 年就一直徘徊在 2.50 亿元左右，“相对规模”的最高点是 2013 年（4.21%），目前是 2.64%。这三家村行之所以会成为“小老树”，完全是由于主导权的安排存在明显失误。发展村镇银行的一个重要的政策目标是为农信机构制造竞争对手，通过促进农村金融的充分竞争，来提升农信机构活力，以更好地服务“三农”。但是，这三家村行是由当地农信机构主发起的，是当地农信机构控股的子公司。试问，子公司会去与母公司竞争吗？当然不会！结果只能是，成为当地农信机构维护垄断地位的“保护墙”（占住了位子，阻止了其他村行组建），同时也成为母公司存贷款的蓄水池（超过考核需要时放进来，不足考核要求时放出去）。结果，便长成“小老树”。

4. 存在一批“管理成本”偏高的“独生子女”

“独生子女”是指，一家法人银行仅仅主发起 1 家村镇银行。这种情况，目前浙江省有 8 家。玉环永兴、嵊州瑞丰、龙游义商、奉化罗蒙、兰溪越商、泰顺温银、浦江嘉银和磐安婺商。“独生子女”虽然没有直接反映于表 2 中，但是这个群体值得关注，不能不提。

“独生子女”们的主发起银行，之所以去主发起村行，通常并非自己的意愿，而是受当时的监管政策逼迫。主发起银行不仅是村行的控股股东，而且还是签过承诺书的村镇银行风险责任担保人。因此，主发起银行对村行有着完全的管理责任。由于村行是独立法人，又设在异地，因此，对于村行的管理与对分支行的管理是两套模式，有相当大的差别。进而，如果旗下仅有一家村行，那么，从管理精力的投入角度看，是很不经济的。因此，一般地说，“独生子女”的主发起行不会投入较多的管理精力去做精做深，基本态度往往是，差不多就好，不出大问题就行。进而，很容易出于多种原因而疏于管理，导致风险堆积。原来的缙云杭银就是实例。目前，龙游义商的情况也不妙。还有，在科技投入方面，“独生子女”也是很不经济的。

5. 浙江省村行中存在不少亮点，有的还十分耀眼

（1）涌现了一批优秀机构。比如，本文从贷款增长角度考察，有 9 家可列入甲等。监管部门也认定了 6 家二类行。它们是三门银座、景宁银座、庆

元泰隆、长兴联合、桐乡民泰、德清湖商。其中多数属于全国优秀村行。

（2）更为耀眼的是，涌现了一批优秀的主发起银行。台州银行与泰隆银行无疑是全国"最优级"的主发起银行，它们旗下的村行，每家都是监管二类行。杭州联合银行、鄞州银行、南浔银行、民泰银行、鹿城银行等也都很优秀，都是"次优级"的主发起银行。优秀主发起银行如此之多，这是其他省区所没有的。它们是浙江省的宝贵财富，应当好好利用。

（3）已有两家村行成功重组，前景乐观。不良率居高不下、业务发展停滞甚至萎缩的村行，出路在于重组或清盘。浙江省 2016 年对两家村行进行了重组，更换了主发起银行。一是缙云杭银重组为缙云联合，由杭州联合银行接替杭州银行成为新的主发起行。二是临海湖星重组为临海湖商，由南浔银行接盘湖州银行成为新的主发起行。实践证明，重组是成功的，两行均已重新焕发出活力。缙云联合，真实不良贷款率由 27.7% 降为 4.12%，贷款余额不仅重新增长，而且超过了历史最高值，前景乐观。临海湖商也相仿，不良贷款核销 9000 万元，加上清收，不良率已经下降到 1.83%，贷款余额也已经恢复增长，前景可以乐观。

三、影响村镇银行"质量"的主要因素

1. 主发起银行的积极性与能力

（1）积极性。主发起银行是"我要干"还是"要我干"十分重要。主发起银行起码也是二类行，自身素质都不差，因此，如果有积极性，是"我要干"，就会努力去想办法，最起码，也会干得像个样子。比如民泰银行，其自身算不上优秀，问题也不少，但是有积极性，把主发起村镇银行作为银行发展的重要举措。因此，民泰银行主发起的村行"质量"不错，有的还评上监管二类行。反过来，盛京银行是东北最大的城市商业银行，2014 年 12 月在香港上市，相当优秀，但是由于它没有积极性，之所以主发起村行完全是为了应付监管部门要求，从而，它旗下的江北富民竟然会如此"奇特"。缙云杭银、衢江上银等之所以业绩不佳，也都是由于主发起银行的积极性问题。积极性也是会变的，比如建设银行，起初是有相当大积极性的，还制定了一个宏伟

的规划。后来，董事长更换，经营思路发生变化，不想干了，以致直到目前，“建信系”村行连银行卡都还没有。

（2）能力。这是指“做好”村镇银行的能力，这与做好自身的能力不完全是一回事。这个能力包括：管控能力、驾驭市场能力、小微金融能力、本土适应能力和科技能力。这些能力都俱全，再加上有积极性，那肯定能把村行做得非常优秀。台州银行、泰隆银行就是如此。大多数银行的能力总是存在短板。大银行的短板往往在于小微金融能力和本土适应能力上。如中国银行就是如此，因而旗下村行的业务规模发展缓慢。小银行则容易发生管控能力不足的问题，湖州银行就是如此，以致旗下的两家村行（临海湖星、安徽肥东湖星）都有点“失控”，被迫重组，卖给南浔银行。小银行的小微金融能力和本土适应能力也不是个个都好，就是相当优秀的南浔银行，“适应”能力也还有待进一步提高。它在文化背景与其“老家”湖州市南浔区差异不大的县域，可以干得非常出色，如德清湖商，而在文化背景差异较大的县域，则就困难得多，如建德湖商、瑞安湖商。

2. 县域经济金融环境

办好村镇银行，外部经济金融环境也很重要，从实践看，主要是两个方面。

首先是金融竞争的充分程度，即经营村行的难易程度与当地金融竞争的充分程度呈负相关。原先，人们以为经济比较发达地区的村镇银行容易办得好，后来发现，并非那么回事。经济较发达地区由于金融竞争相对比较激烈、充分，新设立的村行要站稳脚跟，难度就大得多。比如在台州，同样是由鹿城农商行主发起的两家村行（两行的董事长还是同一个人），位于经济发达、金融竞争较充分的路桥区的路桥富民，开业三年才有盈利，而位于经济相对后进、金融竞争较不充分的仙居县的仙居富民，开业当年就有盈利。又如，在义乌，经济虽然发达，金融的“盘子”也大，但是金融竞争十分激烈，从而经营村行十分费劲。

其次，社会信用制建设。做得好的，显然，村行的经营就会容易一些。比如，农村金融改革试点区的丽水市，对全市的农户用统一的标准进行了信用评级，这就给新设立的村镇银行的业务拓展带来了极大的方便，村行在发放农户贷款时，能够容易地获得接近于当地农信机构的信息量。（由上可知，丽水市的村镇银行"质量"之所以超好，首先是由于聚集了多家优秀的主发起银行，其次是由于原来经济金融发展相对后进，金融竞争较不充分，最后是农村信用制度建设领先。这样，村行的"质量"岂能不好）

3. 金融监管部门与地方政府的行为

上级部门的决策是否正确，监管是否得力，对村行"质量"的影响也很大。宁波市的"三棵小老树"的出现，完全是决策失误，违背了设立村镇银行的预定政策目标。江北富民这样的奇葩行（据说监管评级为六类行）能够续存至今，应当说，监管力度还有待加大。

四、对策建议

在实现"县域全覆盖"后，村镇银行工作的重点就是"提高质量，健康发展"。对此，根据当前浙江省实际，建议如下。

1. 有关部门应当进一步认识村镇银行的作用，重视村行建设，齐心协力促进村行的健康发展，以使村行充分发挥应有作用

目前，部分政府领导往往仅重视大项目，而对体量小的村镇银行较为忽视。这是不够全面的。固然，在对 GDP 的直接影响上，村行无法与大项目相比。但是，村镇银行是农村金融、普惠金融的生力军，地位重要。一家高质量的村镇银行，在促进农村经济金融发展、建设和谐社会中的作用，足以匹敌大项目。尤其县域政府，更要看到，村镇银行是当地的法人银行，与农信机构一样，是"当地人民自己的银行"。它们的经营行为要比外地银行的分支机构积极得多。比如，在丽水市管辖的 8 个县域中，同为泰隆银行旗下的机构，庆元村行的贷款占当地农信的比重，明显高于其他 7 县的泰隆支行（见表 5）。因此，应当重视、关心村行，尤其是要努力为村行创造平等的竞争环境。比如，在村级集体经济账户的开立上，在县域财政存款的分配上，让村行享有与农信机构同等的待遇。还有个别县域政府，拖欠着应当付给村行的"三年政策补贴"，则更应当尽快补发。

表 5 2017 年末丽水市青田等八县泰隆银行机构的贷款余额

	青田	缙云	龙泉	遂昌	云和	松阳	景宁	庆元村行
贷款余额 / 亿元	13.20	11.48	11.38	4.52	5.32	10.99	3.61	10.08
占农信的比例 /%	16.44	22.69	28.75	12.24	25.21	28.44	19.04	33.27

资料来源：中国银保监会丽水市监管分局、中国人民银行杭州中心支行。

监管部门应当加大“促优治劣”力度，促使村行提升“质量”。省农信联社应当高瞻远瞩，要把村行看作促进基层农信机构活力提升的积极因素，努力促成基层农信机构与村行之间的良性竞争与互动，如同当年台州路桥的银座城信社与泰隆城信社之间的竞争。同时，还应当在结算渠道上对有困难的村镇银行施以援手。

2. 对那些“质量”太差的村行，要采取坚决的措施

对于那些不良贷款高企、实际上已经“技术破产”的机构，应当责成主发起银行限期整顿并给予一定处罚。到期后，资本充足率如果仍然不达标，则应当依据法规追加处罚，并且视实际情况考虑是否限期重组或清盘。对于江北富民那样的“奇葩”，应当坚决地责成主发起银行限期清盘。

需要指出，监管部门要敢于使用清盘手段。须知，改造一个“烂”机构，要比组建一个新机构难度大得多。而且，清盘还有震慑作用，能够促使主发起银行们认真履行职责。对于鄞州国民等三株“小老树”，应当限期重组，更换主发起银行。

3. 支持、鼓励村行向优秀的主发起银行集中

村镇银行向优秀主发起银行集中，有助于促进村行的集约化管理，既能节约管理成本，又能促进村行健康发展，应当支持、鼓励。

对于那些“独生子女”，欢迎它们及早“改换门庭”，不要等到出了问题才考虑“转手”。对于只有 2—3 个“兄弟姐妹”的“准独生子女”,亦可照此办理。

实际上，监管部门已经十分关心村行的集约化管理问题。今年 1 月，出台了设立“投资管理型村镇银行”的通知。通知中提出，具备一定条件的商业银行，可以新设或选择一家已设的村镇银行作为投资管理行，让其受让主发起人持有的全部村镇银行股权，对所投资的村行履行主发起人职责。第一批试点最多不超过 16 家商业银行，目前已经确定 5 家。浙江省的台州银行名列其中，其余为中国银行、浦发银行、常熟农商行和汇丰银行。浙江省有关方面应当积极帮助省内积极性高、条件又较为具备的银行，进一步完善条件，并且大力推荐。

4. 指导、督促与年终评比

一家村镇银行要办得好，需要做好“五个化”：市场定位小微化、机构人员本土化、运营机制市场化、操作手段先进化、建设良好的企业文化。各级政府应当就这“五个化”考察村镇银行，并进行指导、督促，提供必要的帮助。

对于农村小型金融机构甚有必要进行年终评比，以鼓励先进、鞭策后进。农信机构的年终评比由省联社在组织进行。省内村镇银行的年终评比目前尚无人组织。建议省政府关心此事，指定某个有关部门来组织村行的年终评比。

5. 争取村镇银行发展早日有“第二条腿”

本来，村镇银行发展应当有“两条腿”：一条就是现在在做的，即由现有的法人银行主发起而成立的村镇银行；另一条是在村镇银行层次上开放“民营银行”，并且规定只允许由“下海”的金融业务骨干或者创业的“准金融机构”从业人员出任最大股东。由于是从最底层的小银行开放民营银行，因而风险较小。这样的民营银行做大后，不但基础较为扎实，而且能够涌现一批民营金融企业家，意义重大，并且很可能在这些民营村行中出现一些像当年的银座城信社、泰隆城信社那样的优秀“小微金融”机构。可惜，这“第二条腿”迟迟没有出台。建议浙江省有关方面继续向上级呼吁，争取早日出台这“第二条腿”。

（此文刊载于《浙江金融职业学院学报》2019 年第 3 期）

纾解民营企业融资难融资贵的基本策略：一个“消除”、三个“发力”

民营企业融资难融资贵一直是我国经济生活中的热点、难点之一。根本成因主要有二。一是民营企业中存在大量小微企业，它们是金融市场上的弱者，尤其是其中的规模以下小企业及个体经营户（俗称“小小微”），更是财务制度不规范、不健全，通常又缺乏足值的抵押物，信息严重不对称，放贷相当困难。这类小客户的融资难是世界性的。二是我国改革开放之路尚未走完，市场经济制度还不完善，计划经济残余还存在，因而各地、各部门，在不同程度上还存在一些“所有制歧视”。这是“中国特色”。

2018 年 11 月 1 日，习近平总书记在民营企业家座谈会上发表了重要讲话。之后，各部门都积极行动，努力改善民营企业的营商环境。对于加大纾解民营企业的融资难融资贵的力度，国家决策部门提出了一些明确要求，如大型商业银行的民企贷款不低于各项贷款的 1/3，中小商业银行则不低于 2/3；今年小微企业融资成本要在去年基础上再降低 1 个百分点；今年国有大型商业银行的小微企业贷款要增长 30% 以上；等等。也提出了相关举措，如适时运用存款准备金率、利率等手段，引导金融机构扩大信贷投放、降低贷款成本；加大对中小型银行的定向降准力度；支持大型银行多渠道补充资本，增强信贷投放能力；完善金融机构内部考核机制，激励加强普惠金融服务；等等。

笔者认为，目前，为进一步纾解民营企业融资难融资贵，基本策略应当是：一个“消除”、三个“发力”。

一个“消除”，就是要彻底消除“所有制歧视”，实现“规则中立”。为此，要深入领会、贯彻习近平总书记(2018 年 11 月 1 日）重要讲话精神，坚定地认识到民营企业乃是自己人，是中国特色社会主义市场经济的不可缺少的重要组成部分。一个“消除”做到了，“规则中立”兑现了，那么，民营大中型企业的融资难融资贵问题就基本上解决了；小微企业的融资难融资贵的纾解，也就有了良好的制度大环境。

三个“发力”，就是要从机构、资金、信用等三个方面发力，使得民营小微企业的融资难融资贵得到纾解。

一、要努力造就更多的能够有效经营小微信贷的金融机构

小微客户囿于自身条件，融资主要依靠金融机构贷款。然而，要破解小微企业（尤其是“小小微”）信贷中的“信息不对称”难题，并非易事，金融机构要做好小微信贷，必须有良好的小额贷款“理念、机制、技术”。因此，应当努力发现、造就大批优秀的小微信贷机构，并且大力促进优秀机构发展壮大。主要措施如下。

1.“倾斜”支持台州银行、泰隆银行发展

这两家城商行，是我国小微信贷的标杆、典范。2018 年，台州银行的户均贷款为 37.5 万元，泰隆为 29 万元；台州银行的资产利润率为 2.70%，净资产利润率为 30.46%，泰隆银行分别为 1.80% 和 23.46%。两者均名列同业前茅。两者的远程管控能力很强，主发起的村镇银行均达到监管二级行。两者都有强烈的发展愿望，希冀有朝一日成为“中国的富国银行”。对于如此优秀的机构，监管当局应当“倾斜”支持，“破格”允许其跨省设立分支机构。

2. 邮储银行要加速补充资本，以释放信贷潜力

邮储银行是全国性小微企业信贷银行，营业网点数量居全国银行之首，市

场定位也符合初衷，主要问题是存贷比严重偏低。2018 年末，存贷余额 85771 亿元，但是受制于资本金，贷款余额仅为 42791 亿元，存贷比不足 50%，可挖掘的信贷潜力超过 2 万亿元。从而应当加速补充资本，以释放信贷潜力。

3.“双管齐下”，进一步提升农信机构活力

农信机构是小微企业信贷的主力。目前的主要问题是活力参差不齐，相当部分机构未能积极开拓规模以下小企业及个体工商户市场。为此，需要“双管齐下”：一是由上级法人省联社督促、指导其转变；二是引入竞争，以足够的竞争压力促其转变。二者缺一不可。

4. 村镇银行急需加大调整主发起银行的力度

村镇银行是农村金融的生力军，也是小微信贷的重要方面军。其最重要的作用是“冲击”农信机构垄断地位，促进农信机构提升活力。2018 年末，全国已开业 1616 家，有多个省区实现了“县域全覆盖”。目前，值得关注的是，村镇银行的整体活力下降，业务规模出现相对萎缩。比如，2018 年，某省村镇银行的贷款余额增长率只有 5.37%，仅为农信机构（15.00%）的 1/3，国有银行（11.44%）的 1/2,股份制银行（21.54%）的 1/4,城商行（25.04%）的 1/5。今年一季度末的数据就更为难看,村镇银行的贷款余额仅增长 1.81%，农信机构增长 17.36%，国有银行增长 15.97%，股份制银行增长 22.22%，城商行增长 20.47%。个中最主要原因是部分村镇银行的主发起行管理“乏力”。为此，应当有序调整那些业务发展慢、风险高、不能对农信机构形成竞争压力的村行的主发起银行，让村镇银行向优秀主发起银行集中。浙江省已经调整 2 家（缙云、临海），调整后，村行均恢复活力，业务蒸蒸日上。

5. 鼓励城商行与股份制银行继续发展“小微信贷专营支行”

监管当局要求城商行尤其小型城商行学习台州银行、泰隆银行已有多年。但是，完全复制台、泰模式是做不到的。现实、有效的做法是设立“小微信贷专营支行”，引入台、泰的好经验，并配置相应的金融产品。一些股份制银行也在这样做，效果均相当不错。

6. 要发展一批与大银行合作的助贷机构

大银行的基本优势在于“规模效应”，由大银行直接去发放个人经营贷款很不经济，效果也难以良好。因此，可以发展一批助贷机构，由大银行提供资金并进行监督，助贷机构则负责小微信贷的资产端并承担风险。

7. 继续发展拥有良好风控手段的网络银行

阿里网商银行与微众银行之所以能够成功，是由于它们都具有良好的风控手段。今后，应当继续发展有良好风控手段的网络银行。

8. 应当允许实践中冒出来的优秀金融苗子“升格”为民营银行

目前，P2P 问题多多，正在清理中，但是“正常运营”的 P2P 机构中，也有极个别优秀机构，一直致力于服务小微企业客户，且业绩、风控都相当不错。对于这种机构，应当“破格”，允许其转型为“民营银行”。比如上海的“× 金融”，其创始团队及主要业务骨干均来自泰隆银行，客户全部是小微企业，2018 年，贷款余额 25 亿元，逾期率 0.7%，净利润 1100 万元。深圳的“× × 金融”也与之类似，创始团队来自平安银行，贷款余额更大，已有近百亿元。还有，近 10 年小贷公司不断涌现，对于其中极个别能够坚定地服务小微企业的、业绩又极其出色的机构，也应当允许其“升格”为“民营银行”。

此外，还应当根据服务小微客户的实际需要，继续发展多种机构，如风险投资公司（也称为股权投资公司）、金融租赁公司、仓储金融公司、担保公司、金融科技公司等等。

二、要大力引导低成本信贷资金流向小微信贷领域

小额贷款的派生存款比例很低，小微信贷机构囿于规模小、网点少、品牌欠亮，吸储能力弱，因而，小微信贷机构的资金紧张、成本偏高。这对于纾解“融资难融资贵”很不利。为此，央行及其他有关部门应当采取积极措施，大力引导低成本资金流向小微信贷领域。目前主要应当做好下列几件事。

1. 真正放开存款利率，允许银行机构自主决定浮动幅度

这是利率市场化的最后一步，既有利于小型银行机构吸存，也有利于普通老百姓提高收入，希望能立即实施。

2. 进一步加大存款准备金率与再贷款向小微信贷领域倾斜的力度

存款准备金率与再贷款，是调整社会资金流向的重要杠杆。近几年，央行对存款准备金率实现差异化管理，多次给发放小微贷款的金融机构降低存款准备金率；同时，央行也加大了支农支小再贷款的力度。但是，从当前实际情况看，“倾斜”力度还有加大的需要与空间。比如泰隆银行，2018 年末，存款余额 1088 亿元，贷款余额 1061 亿元，存贷比 97.6%，户均贷款 29 万元；其存款准备金率为 10%，再贷款有 30 多亿元，相当于贷款余额的 1/30。对于如此得力支持实体经济，又如此深入服务小微客户的优秀机构，存款准备金率降低到 7% 左右，再贷款占比提升到 1/10 左右，应当说是合理的、可行的。

3. 地方财政应当加大向小微信贷领域倾斜的力度

地方财政除了要继续对小额的支农支小贷款给予“利率补贴”外，还应当考虑将地方财政存款优先存入发放小微贷款力度大的金融机构，而不是单纯地“招投标”。

4. 加速发展证券市场

需加速发展证券市场，尤其是发展债券市场、开放股票一级市场、完善多层次证券市场。这有两大作用。一是使得大中型企业能够主要依靠直接融资，进而促使银行信贷“向下沉”；二是造就风险投资的良好退出渠道，促进风险投资健康发展。同时，这还是减慢 M2 增速与降低企业杠杆率的必要措施。

此外，继续鼓励小型银行机构更多地利用同业拆借市场及通过发展“资产转让”筹措信贷资金。

三、大力推进信用制度建设，加速迈向信用经济

在信用经济中，由于完善的征信制度与有力的惩戒法规，使得良好的信用记录成为个人、企业生存与发展的必要前提和基本资源。进而，人们普遍讲究诚信，不敢轻易撒谎，交易成本大大下降。如果我国进入了信用经济，那么，小微金融中的“信息不对称”问题就能够有效缓解，获客成本将大大下降。进入“信用经济”，还是跨越中等收入陷阱的必要条件之一。建设信用经济有一个过程，当务之急是做好两件事。

1. 尽快建立地方征信大数据平台

目前，央行的征信平台已经比较完善，来自金融部门的信息已经整合，无论是个人的征信信息还是企业的征信信息，均可方便地查找。但是，来自地方各部门，如法院、工商、公安、交管、医院等的征信信息，尚未整合，仍分散在各部门，查找困难，极为不便。当务之急是尽快将来自地方各部门的征信信息整合成一个大数据平台，以利查找。至于地方平台与央行平台的整合，则是今后的事，可以暂不考虑。

2. 把向银行提供虚假信息或隐瞒重要信息的行为列入“不良信用记录”

在美国等国家，对银行撒谎属于犯罪，要入刑坐牢的。我国也应当学习他们的做法（无此，进入不了信用经济）。在尚未立法前，可以规定，对银行撒谎要列入“不良信用记录”。这个措施有良好的“羊群效应”，其他领域也会跟进，比如，在一些重要的个人信息、家庭信息、企业信息申报中，撒谎也会列入“不良信用记录”；制造、销售假货更会列入“不良信用记录”；等等。这样，对于建设诚信社会显然大有裨益。

（此文刊载于 2019 年 5 月 17 日《改革内参》）

“习近平总书记重要讲话”的政治经济学解读

“习近平总书记重要讲话”是指，2018 年 11 月 1 日习近平总书记在民营企业座谈会上的讲话。下文中简称“重要讲话”。

一、“灰犀牛”与“重要讲话”

2018 年，我国经济生活中遇到的“灰犀牛”事件之一便是民营企业受到重大冲击，其烈度之大，可以说是 20 世纪 90 年代以来之最。先是年初，1 月 2 日，中国人民大学某著名教授在察网上撰文，《共产党人可以把自己的理论概括为一句话：消灭私有制》。不久，此文即被《求是》杂志旗下的《旗帜》栏目官方微博刊登。此文以马克思恩格斯的经典著作《共产党宣言》中的观点为逻辑起点，再加上发表在代表官方高层的《求是》杂志旗下，因而社会影响甚大。并且，自然地被公众解读为这是高层的观点，甚至是未来政策举措的“舆论动员”。继而，各种奇谈怪论便纷至沓来，其中最著名的便是某自称“资深金融人士”者，其在 9 月中旬撰写了网络大作《中国私营经济已完成协助公有制经济发展的任务，应逐渐离场》。此文观点被公众概括为“民营企业离场论”。于是，一时间，民营企业人心惶惶、“黑云压城”，仿佛大限将至，面临第二次“公私合营”。

上述情况，严重影响了我国经济的稳定。从而，高层领导纷纷发声纠错，并且“善后”。先是发改委，再是国务院，最后是习近平总书记亲自出场，让民营企业吃下定心丸，安心谋发展。2018 年 11 月 1 日，习近平总书记在民营企业座谈会上发表重要讲话。他严正指出，“公有制经济和非公有制经济都是社会主义市场经济的重要组成部分，都是我国经济社会发展的重要基础”。“民营企业离场论”“新公私合营论”“党建控制论”等等，都是完全错误的，不符合党的大政方针的。习近平总书记强调：“非公有制经济在我国经济社会发展中的地位和作用没有变！我们毫不动摇鼓励、支持、引导非公有制经济发展的方针政策没有变！我们致力于为非公有制经济发展营造良好环境和提供更多机会的方针政策没有变！我国基本经济制度写入了宪法、党章，这是不会变的，也是不能变的。”“总之……民营经济是我国经济制度的内在要素，民营企业和民营企业家是我们自己人。民营经济是社会主义市场经济发展的重要成果，……是推进供给侧结构性改革、推动高质量发展、建设现代化经济体系的重要主体。”“在全面建成小康社会、进而全面建设社会主义现代化国家的新征程上，我国民营经济只能壮大、不能弱化，不仅不能‘离场’，而且要走向更加广阔的舞台。”同时，习近平总书记还分析了当前民营企业遇到的困难与主要成因，并且提出，为“大力支持民营企业发展壮大”，“要抓好六个方面政策举措落实”。

“重要讲话”确实是一个非常好的讲话，有效地稳住了民营企业的“军心”，并在全国范围掀起了努力改善民营企业营商环境、努力破解民营企业的融资难融资贵、努力促进民营企业发展壮大的热潮。但是，应当看到，这种“稳住”还是初步的，而不是从根本上的。因为，“重要讲话”主要是从政策举措层面来讲的，还没有涉及深层的理论。比如，民营企业，在《共产党宣言》中是需要消灭的对象，在《资本论》中是“剥夺者”，是需要被“剥夺”的，而在“重要讲话”中则成了“自己人”。这个 180° 的大弯是怎么转过来的？这需要在理论上说清楚。否则，公众便会以为这个“自己人”只是权宜之计，暂时的举措，一旦到了某个时候，恐怕又会大变。好像当年 1949 年夏天，刘少奇在天津对工商界人士大讲“新民主主义秩序”，但是仅仅过了三四年，就开始向社会主义过渡了，要搞“公私合营”了。还有，我们的一些重要的提法，存在着明显的漏洞与矛盾，经不起推敲。比如，我国的基本经济制度表述为“公有制为主体，多种所有制经济共同发展”。在这个表述中，一则，公有制经济显然占了“先机”，竞争中性原则还有可能真正落实吗？二则，目前民营经济已经是“五六七八九”（也就是贡献了 50% 以上的税收，60% 以上的 GDP，70% 以上的科技创新成果，80% 以上的城镇劳动就业，90% 以上的企业数量），已经过半了，还要再发展壮大，那么，国民经济的主体难道还是公有制经济吗？从逻辑上说，如果要真正落实“以公有制为主体”，那么，势必要来一次“国进民退”。综上，很明显，“重要讲话”虽然把那只“灰犀牛”从身边赶走了，但是赶得并不远，它仍然在某个角落里看着我们，一有机会，还会再冲过来。

总之，当前需要将“重要讲话”的精神从理论上深化，以便将那只“灰犀牛”赶得远远的，没有机会再冲过来。恐怕，这应当是广大理论工作者的重要任务。本文试图作若干尝试。

二、民营经济确实是“自己人”

在讨论这个问题之前，需要强调两点。一是“实践是检验真理的唯一标准”，没有例外。一种理论，不论其逻辑如何完美，其提出者如何德高望重，未经实践检验时，只能是“假说”，只有经过实践检验证明是正确的、符合实践的，才能称之为科学理论。如果在实践检验被“证伪”了，那就要被“淘汰”了。二是切实把握共产党人的初心。共产党人的初心是什么？就是为广大人民谋幸福。党的十九大报告中表述为“为中国人民谋幸福，为中华民族谋复兴”。为中华民族谋复兴的目的也还是在于为人民谋幸福。如何才能使人民幸福呢？简而言之便是，生产力快速发展，社会公平正义。也就是既要有较高的效率，又要有良好的社会公平，实现了效率与公平优化结合。

（1）《共产党宣言》中所说的“消灭私有制”，其目的在于通过消灭当时存在的“资产阶级的所有制”，进而实现社会公平正义、实现效率与公平的优化结合。

《共产党宣言》中写道：“从这个意义上说，共产党人可以用一句话把自己的理论概括起来：消灭私有制。”请注意，这里有一个限制语“从这个意义上说”（注意：中国人民大学某教授恰恰是略去了这 7 个字）。它的含义是，共产党人要消灭的不是一般的私有制，而仅仅是当时存在的、对雇佣劳动剥削极其残酷的“资产阶级的所有制”。当年，剩余价值的生产方式主要是“绝对剩余价值生产”，工人每天的劳动时间长达 12 小时，甚至更多。并且，“雇佣劳动的平均价格是最低限度的工资，即工人为维持其工人的生活所必需的生活资料的数额。因此，雇佣工人靠自己的劳动所占有的东西，只能够勉强维持他的生命的再生产”。全部剩余劳动都转化资本积累而被资产阶级占有。

对于资产者与雇佣劳动者的这种关系，马克思在《资本论》中做了更为深入的论证与剖析。马克思就 19 世纪发达资本主义国家的实际情况，归纳出大家都熟知的“资本主义积累的一般规律”。就是：在资本主义生产方式下，随着社会生产力的发展，资本有机构成的提高；社会发展发生两极分化，资产者一方是财富的积累，无产者一方是贫困的积累；进而社会消费需求相对萎缩、社会总需求不足，引发周期性的经济危机，社会再生产不断受到破坏。并且，这种周期性经济危机的激烈程度会日益增大。

这个“一般规律”揭示了经典资本主义制度的根本弊端：社会生产力的发展不仅不会带来社会公平、人民幸福，反而会促进贫富两极分化、激化社会矛盾，继而造成社会再生产的愈演愈烈的周期性破坏。19 世纪时，各主要发达资本主义国家的经济运行状况都符合这个“一般规律”。也就是，随着经济的发展，社会生产力的提高，基尼系数都是相应扩大的；并且，大体上每 7—11 年周期性地爆发经济危机。出路何在？《共产党宣言》和《资本论》给出的药方是暴力革命，消灭资产阶级私有制，“剥夺剥夺者”。

（2）“二战”后，各主要发达资本主义国家，通过有效的“国家干预、调控”，使经济的运行模式由符合“一般规律”的“经典资本主义”转向不再符合“一般规律”的“现代市场经济”。

凡是经济运行符合“资本主义积累的一般规律”的经济制度，可以称为“经典资本主义”。以此标准，整个 19 世纪，直到 20 世纪的 1929 年资本主义世界经济大危机，各主要发达资本主义国家都属于“经典资本主义”。1929 年的经济大危机，意味着“经典资本主义”已经走到了尽头。当时，不但经济大倒退，而且社会上弥漫着恐慌情绪。美国新闻记者威廉·曼彻斯特在《光荣与梦想》中写道，在危机高潮时，有的工厂主甚至惊呼：只要能使经济复苏，哪怕共产党人上台也愿意！美国，在“罗斯福新政”的引领下，用多种手段干预经济，终于逐步走出危机，走向复苏。在“罗斯福新政”实践的基础上，英国经济学家凯恩斯从理论上阐述了“市场失灵”的机制及通过国家干预、增加有效需求以应对经济危机的必要性、可能性。“二战”后，各主要发达资本主义国家纷纷效法“罗斯福新政”与“凯恩斯主义”国家干预，从而使得经济运行不再符合“一般规律”。随着经济的发展，基尼系数不再扩大，而是适度缩小，最终控制在相对合理的范围内。此后，虽然也出现过经济衰退甚至危机，但其成因不再是“消费需求相对萎缩、总需求不足”，而是反过来，是福利过度，需求过旺。比如，20 世纪 70 年代英国发生的“滞胀”，人称“英国病”，其根源乃是需求扩张过了头、福利过了头，后来被撒切尔政府用“紧缩”的货币主义政策治愈。又如 20 世纪的“次贷危机”，其根源也是福利过了头（信贷资金福利化），需求扩张过了头。21 世纪初期以来，美国政府通过“房利美”“房地美”的贷款，让无职业、无收入、无资产的“三无”人员买房。贷款放出去时就已经是“次级”不良贷款，最终，由于“次贷”的堆积而于 2007 年 8 月爆发金融、经济危机。当时，美国的积累率竟然为零！

为什么不“消灭私有制”也能够做到摆脱“资本主义积累的一般规律”呢？这是因为“一般规律”的成因并不是“资产阶级所有制”，而是在“经典资本主义”制度下的特定的资本与劳动的关系。其实，劳动力市场格局是“集中的要求 PK 分散的供给”。资本绝对强势，劳动则绝对弱势，结果，必然是垄断低价，劳动力价格被压低到“劳动力价值”上，全部剩余劳动都被资本家无偿占有，劳动者通过出卖劳动力所获得的报酬仅仅能够维持劳动力的再生产，而没有任何改善生活的可能，更没有积累的可能。“罗斯福新政”“凯恩斯主义”国家干预的具体举措虽然多种多样，但是归根结底是击中了这一问题要害，通过改革一次分配、二次分配，改变了上述分配格局。一次分配上，让工会合法化，造就了一个强有力的工会与资本对抗。这样，劳动力市场格局就改变为：集中的需求 PK 集中的供给，成为寡头竞争。劳动不再是绝对弱势，资本也不再是绝对强势。这样，劳动力的价格就不再是垄断低价，劳动者就能分享到部分剩余劳动。二次分配，切实加大力度，增加社会福利，并且，福利更多地向弱者倾斜。进而，就摆脱了“一般规律”，从“经典资本主义”转型为“现代市场经济”。

法国经济学家吉尔贝尔特·勃拉尔顿曾经论证过现代市场经济与经典资本主义的区别。他说:“(现代)市场经济与(经典)市场资本主义的逻辑是极其不同的。”“(现代)市场经济追求的目标不仅仅是利润，重要的是追求经济发展，提高实际生产率，因而提高居民的实际收入。相反，(经典)资本主义追求的是企业利润。”以下5个参数的结合排列顺序可以显示是(经典)资本主义经济逻辑还是非(经典)资本主义经济逻辑。这5个参数是：①当事人的决策自由和对决策的责任；②全体当事人协商参与决策；③所有权的法律属性；④利润最大化；⑤经济进步和社会进步最大化。例如，①③(生产资料所有权的私有性质)与④的结合显示强烈的(经典)资本主义逻辑，而①②⑤③④的结合则表明(经典)资本主义逻辑的消失。勃拉尔顿的观点还是党的“十四大”报告中“市场经济”部分的两个理论参考依据之一(另一个是英国戴维·皮尔斯主编的《现代经济学词典》)。

(3)历史唯物主义原理表明，现阶段是不可能“消灭私有制”与资本的。实践也确实如此。

前文已经说明，共产党人的初心即实现效率与公平的优化结合，也即《共产党宣言》中提出的通过暴力革命“消灭私有制”所要达到的目标，是可以通过“改良”的办法、适当的“国家干预”举措来实现的。其实，马克思发现的历史唯物主义原理也告诉我们,在现阶段,“消灭私有制”、消灭资本是做不到的。生产资料所有制是一种利益机制，占有者通过对生产资料的占有而为自身谋求物质利益。生产资料私有制是在生产力发展过程中产生的，并且随着生产力的继续发展而不断演进。它的最终消灭，只有在生产力的高度发展中才能实现。具体一点就是，只有生产力发展到实现物质极大丰富、物质资料丰盛到足以满足人类社会的绝对消费需求之时，这时，生产资料的私人占有不可能再为自己带来更多的物质利益；进而，生产资料的私人占有失去了意义，进而生产资料私有制消亡，生产资料归于社会所有，劳动成为生产过程中的唯一主宰；商品、价值、货币也随之消亡。这时，人类社会便进入了共产主义。在人类社会的生产力尚未达到这一高水平之前，想要最终消灭私有制、消灭资本，乃是不切实际的幻想。脱离了一定的生产力发展水平，不仅“消灭私有制”、消灭资本是不可能的，而且无产者消灭资产者更是不可能的。无产阶级与资产阶级是同时产生同时消失的，它们共同存在于某一特定的生产力发展水平范畴内。只要社会生产力处于这一范畴，那么，即使把原有的资本家消灭，很快就会分化出新的资产阶级来。

首先把私有制看成万恶之源，提出要消灭私有制的是托马斯·莫尔。其后有圣西门、傅立叶和欧文继承发挥了这一观点。由于他们把消灭私有制寄希望有产者的道德觉醒，因而完全是不现实的，是不可能成功的，只能是乌托邦。马克思于 1864 年组建了以发动无产阶级进行暴力革命为基本任务的第一国际。巴黎公社后，发现当时举行革命的客观条件还不成熟，便于 1876 年解散了第一国际。马克思逝世后，恩格斯于 1889 年组建了第二国际，基本任务是通过和平的合法斗争，为工人阶级争取权利，夺回部分劳动果实。第二国际取得一些重要成果，如创始了八小时工作制运动，宣布 5 月 1 日为国际劳动节，3 月 8 日为国际妇女节，等等。列宁继承了《共产党宣言》中的观点，在俄国进行暴力革命、“消灭私有制”。从即期与夺取政权的角度说，是成功了，建立了庞大的苏联，但是从实现“共产党人的初心”角度看，尤其从长远看，还是失败了。而国内又形成了一个依赖于国有资产与政权的特权阶层，他们实为新的资产阶级——官僚资产阶级。并且，苏联本身也在 70 多年后瓦解了。

（4）从我国当前的实际情况看，为实现共产党人的初心，即实现社会公平正义、人民生活幸福，急需做的是完善“国家调控”与落实竞争中性原则。

我国 70 年来的实践也同样证明了在现阶段的生产力水平下，“消灭私有制”此路是不通的。我国当年也学习苏联，通过暴力，建立了两种公有制——采取国家所有制形式的全民所有制与劳动者集体所有制；也实行了计划经济，也同样发生过大饥荒。尤其是在“文化大革命”中，更是把“消灭私有制”的斗争深入了每个人的头脑里。“斗和批修”“狠斗私字一闪念”，连“一担粪，是送到集体土地上还是自留地上，都有一个两条道路斗争的问题”。七斗八斗的结果是，物质资料短缺，人民生活每况愈下，甚至可以说是绝对贫困化，国民经济濒临崩溃。总之，离共产党人的初心是愈来愈远了。党的十一届三中全会以后，解放思想，实事求是，为非公有制经济发展打开了大门，并且，政策不断放宽。40 年来，几乎是从零开始的民营经济，现在已经是“五六七八九”

了，过半了。这充分显示出民营经济的活力和积累能力。尤其是民营经济贡献了70%以上的技术创新成果，占比明显高于其GDP占比（60%）。这不但表明民营经济的技术创新活力强于国有经济，而且表明民营经济已经成为我国技术创新中不可动摇的主体。中国特色社会主义市场经济之所以有今天的成就，能够缺少民营经济吗？当然不能！甚至可以说，我国改革开放的过程也就是民营经济发展的过程。因此，民营企业确实是“自己人”，民营企业家确实是中国特色社会主义的建设者。

目前，为更好地发挥民营经济在建设社会主义市场经济中的作用，迫切需要做好的事情主要有两件。一是落实竞争中性原则。今年3月的政府工作报告中已经提出:“按照竞争中性原则，在要素获取、准入许可、经营运行、政府采购和招投标等方面，对各类所有制企业平等对待。”话都讲到了，关键是要真正地落实下去。二是大力完善“国家调控”，缩小贫富差距。目前，国家统计局数据显示，我国的基尼系数为0.47左右，这个数值高于所有发达国家和多数发展中国家。我国的贫富差距过大，起始于20世纪90年代。我国的基尼系数，20世纪80年代初为0.30，80年代末为0.33，1994年就上升到0.434（李强，中国人民大学），超过了“中等程度不平等范围0.3—0.4”。1997年，世界银行的《世界经济发展报告》中说，中国在短短几年中，由贫富差距较小的国家转变为贫富差距较大的国家，这是世界经济发展史中所少有。目前，我国的国民收入分配中存在重大缺陷。“一次分配”中，劳动者缺乏足够的话语权，以致劳动力市场格局基本上还是“集中的需求PK分散的供给”。虽然各省都有最低工资线,但这是远远不够的。虽然已经有规定,企业中，劳动者的工资水平应当由资方与劳动者协商决定，但是，这仅仅是纸面上的规定，远未真正落实。“二次分配”的力度不足，也未能向弱者倾斜，而基本上是工资的延伸,反而扩大了差距。贫富差距过大的问题必须切实从速解决好。否则，我们就愧对头上的“社会主义”帽子（须知，随着生产力的发展，基尼系数上升并且过大，这正是马克思论证过的经典资本主义特征与基本弊端）。

三、可以考虑，用受益状况来诠释“以公有制为主体”

前文中已经指出，由于我们都是用生产资料所有权的法律归属来定义所有制性质的，因而，民营经济份额已经过半并且还在不断壮大的现状，与“公有制为主体”的规则有了明显矛盾。“以公有制为主体，多种所有制经济共同发展”是在 1997 年党的“十五大”上被确立为我国的基本经济制度的。当时，由于 1992 年以来，在邓小平的“南方谈话”与“十四大”确立的“社会主义市场经济”改革目标的推动下，民营经济蓬勃发展，为了保护民营经济发展的良好势头，于是便出台了上述“基本经济制度”。当年，民营经济的占比还是相当小的，“以公有制为主体”，不仅不会抑制民营经济的发展，反而会给民营经济的发展留出广阔的空间，进而促进民营经济的发展。目前的情况就不一样了。民营经济已经“五六七八九”，过半了，份额还在增长，怎么办？还要不要“以公有制为主体”？

一种解决办法是，把“以公有制为主体”诠释为确保国有经济的“主导力”“控制力”。这种办法不仅有点牵强，而且副作用甚大，会突出国有企业的垄断地位，突出国有企业对要素分配的掌控，使得竞争中性原则很难落实。目前的实际情况就是如此。

第二种办法是突出我们的“初心”，同时不再提“以公有制为主体”。也就是，将基本经济制度确立为“既有良好社会公平，又有良好效率的多种所有制经济共同发展”。这种解决办法的好处是，突出了“初心”，又扫除了落实竞争中性原则的障碍。应当看到，“初心”，就是广大老百姓的梦想。“初心”的落实程度与是否“以公有制为主体”无直接联系。世界上幸福指数最高的国家和竞争力最强的国家，基尼系数都比我国低得多，国有经济的比重也比我国低得多。国内比，也如此。比如浙江省，是民营经济大省，民营经济比重甚高，但其社会贫富差距、城乡居民收入差距，均为各省中最小。这种解决办法的最大不足是，目前，我们头上的“社会主义”帽子还戴着，而且目前的“主流理论”认为“社会主义”是“以公有制为基础”的。因此，要进行这样的调整阻力可能会比较大。

第三种办法是用人民的受益状况来定义所有制性质、诠释“以公有制为主体”。生产资料所有权可以分割为法律归属、实际支配、收益分配等部分。

法律上所有、实际占有支配的目的均在于获得收益。如果某份生产资料，法律上归属于甲，但其带来的收益统统被乙拿走，那么，该份生产资料对于甲来说，并无实际意义，而对于乙来说，则如同归属他所有的一样。如果某份生产资料，名义上并不归属于甲，但是甲总能够分得部分收益，那么，甲就在实际上拥有该生产资料的部分所有权。用受益状况来诠释“以公有制为主体”，就是把全社会的生产资料看成一个整体，再考察其收益在社会中的分配情况；如果有良好的“一次分配”和强大的“二次分配”，使得居民收入的基尼系数处于合理的较低水平，那么，就可以说是做到了“以公有制为主体”。这个解决办法的好处是，可以在不改动现有的基本经济制度表述的情况下，既给了民营经济继续发展壮大的空间，又突出了“初心”，给出了政府调控经济的正确方向，实行的阻力可能会较小。因此，在目前形势下，笔者倾向于推荐第三种解决办法。

（此文入选中国《资本论》研究会第 21 次年会）

2020 年

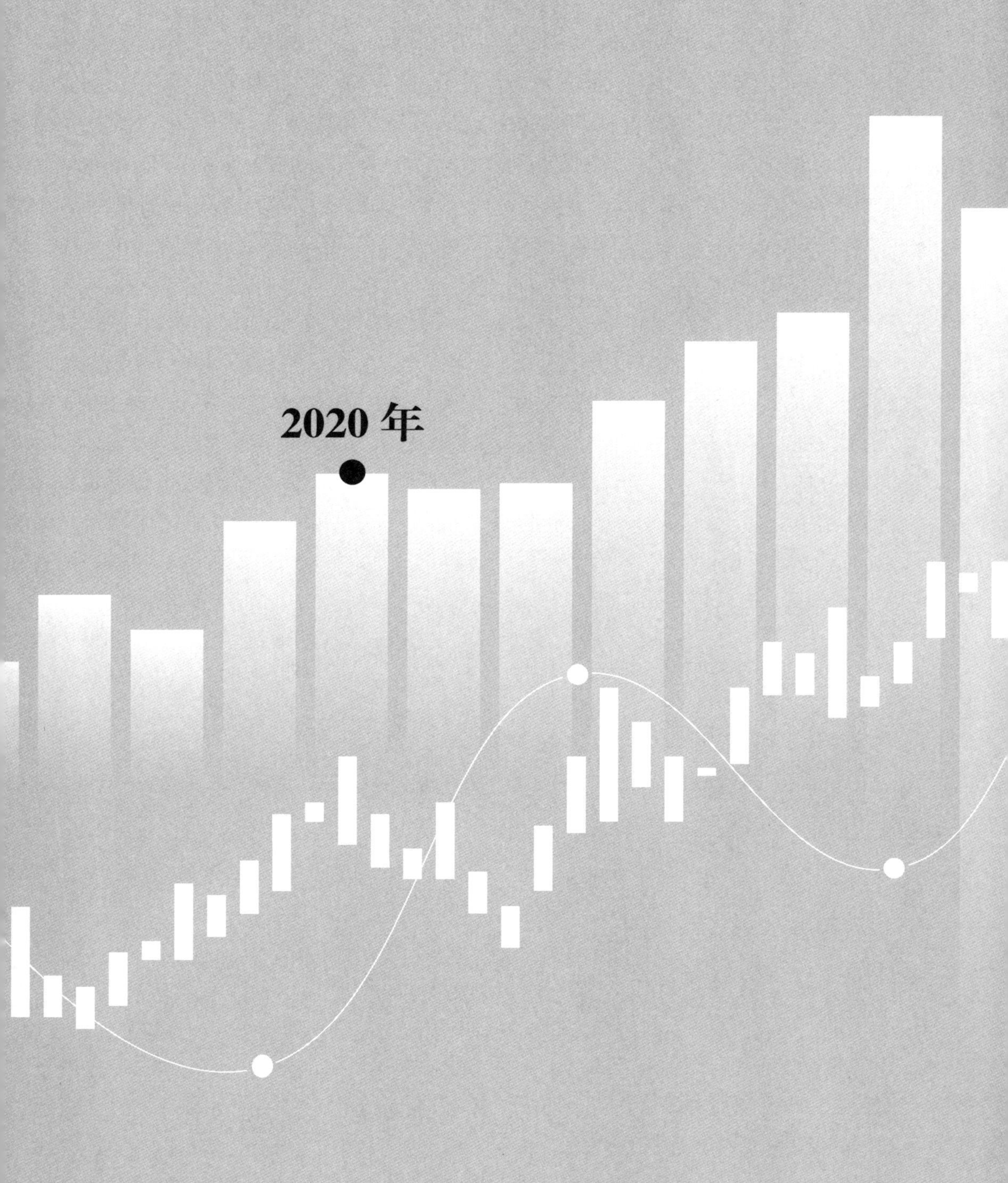

加大差异化精细化监管力度，允许“特别优秀的专业小微信贷银行”跨省设立分行

——纾解小微企业融资难融资贵的重要举措

2011 年，监管部门为纠正城商行异地设立分支机构时产生的一些乱象，叫停了城商行跨省设立分行，异地设立分支机构仅限于省内。总体说，这是正确的，但是，“一刀切”叫停也不是最佳选择。当前，在大力纾解民营企业融资难融资贵之际，应当加大差异化、精细化监管力度，允许城商行中特别优秀的专业小微信贷银行，比如台州银行、泰隆银行，跨省设立分行。

一、为什么说台州银行、泰隆银行是特别优秀的专业小微信贷银行

之所以说，台州银行、泰隆银行是“特别优秀的专业小微信贷银行”，是由于这两家银行不但市场定位专注于小微，而且风险控制、经营绩效、远程管控能力都极为出色。

1. 市场定位

台、泰两行都是誓做普惠金融工匠的专业小微信贷银行，“不用扬鞭自奋蹄”。两行从诞生起（分别为 1988 年、1993 年）就致力于服务小微客户，创新、

积累了丰富的技术经验，并引入了欧洲复兴银行的规范化、标准化微贷技术，进而造就了目前国内最先进的小微贷技术，即“银座信贷模式”（台州银行的“根”是银座金融服务社，因而被称为“银座信贷模式”）和“泰隆信贷模式”。2018年末的户均贷款（以公司贷款+个人经营贷款计，下同），台州银行为49.49万元；泰隆银行更是把信贷服务对象扩展到“两有一无”（有劳动能力、劳动意愿，无不良嗜好）者，户均贷款更小，仅36.53万元。

2. 风险控制

得力，有效，不良率很低，突破了“小微贷款的资产质量总要差一些”的“常规”。台州银行一直视贷款质量为企业之生命，不但有一套严格、有效的风控制度，并且作为企业信贷文化的核心理念，灌输、深入每个员工之心。因而不良率一直控制在1%以内，2018年末为0.64%，名列浙江省13家城商行之首（见附表1），全国城商行前三。泰隆银行也相当不错，2018年末的不良贷款率为1.18%，名列浙江省城商行第六。

3. 经营绩效

两行均甚为优秀（见附表1）。台州银行的ROA（资产利润率）和ROE（资本利润率）一直名列全国银行业前茅，2018年分别为2.40%和27.84%，均为“四大银行”的两倍多。泰隆银行也相当优秀，2018年的ROA为1.80%，ROE为23.46%，远远高于省内除台州银行外的其他城商行，以及国内绝大多数银行。

4. 远程管控能力

两行均很强，异地机构保持“原汁原味”不走样。不但省内异地机构如此，跨省机构也是如此。比如，2009年泰隆银行上海分行开业，由于其专注小微贷款，因而被誉为“中国尤努斯”。进大上海，仅仅半年，上海银监局便“破格”主动要求其向下设立支行。泰隆银行主发起的湖北大冶泰隆村镇银行，由于其出色的支农服务而在全国银行工作会议上做典型介绍。台州银行也同样，主发起的7家村镇银行有6家（包括省外5家行中的4家）评上二类行，并且，浙江三门银座、重庆渝北银座、江西赣州银座等村行，还在全国银行工作会议中做了典型介绍。这个情况，不仅表明台、泰两行的远程管控能力很强，而且还表明，土生土长的“银座信贷模式”和“泰隆信贷模式”在中国大地上有很强的普适性，值得大力推广。

综观全部城商行，能够专注于小微信贷的就极少，尤其是在上述四个方面都做得如此出色的机构，暂时还找不到第三家。

台州银行与泰隆银行的出色业绩已经被社会公认。中央电视台多次报道台州银行的优异业绩与小微信贷经验。李克强总理两次考察泰隆银行，并邀请其董事长在国务院召开的经济金融形势座谈会上发言。银监会更是在 10 余年前就要求各城商行及其他中小银行学习台州银行与泰隆银行的小额信贷经验。

二、拓展银座信贷模式、泰隆信贷模式的服务空间，既需要“碎片化”拓展，更需要“整装”拓展

毫无疑问，为了加速发展小微信贷、普惠金融，十分需要拓展“银座信贷模式”和“泰隆信贷模式”的服务空间。拓展有两类基本方式：一类是“碎片化”拓展，也就是其他银行机构学习、借鉴台、泰两行小微信贷的某些具体做法；另一类是“整装”拓展，也即原汁原味地“整装”移植“银座信贷模式”和“泰隆信贷模式”。

近几年来，在监管部门的大力倡导下，许多中小银行学习、借鉴了台、泰两行小微信贷的许多做法。诸如：建立人数众多、纪律严明、活力四射的客户经理队伍；主动出击，网格化营销，社区化、村居化营销；在摸清客户的第一还款来源基础上，大力发展担保贷款乃至信用贷款；对客户经理实行严格的贷款质量责任与绩效考核；采用尽可能先进的金融科技手段来提升服务效率；设立强大的员工培训学院；等等。“碎片化”拓展的效果还是相当不错的。

由于“银座信贷模式”和“泰隆信贷模式”都是由淀积深厚的企业文化支撑的，因而其他银行难以做到“整装”移植。要原汁原味地“整装”拓展，只能依靠台、泰两行自身，或者在异地设立分支机构，或者主发兴办村镇银行。

从实践结果看，“碎片化”拓展与“整装”拓展的效果差异还是相当明显

的。比如，同在台州市的某城商行，也主要服务小微企业，也一直在努力学习、借鉴台、泰的好经验。但是，其经营绩效与台、泰两行完全不是一个档次（见附表 1）。该银行的市场定位还不错，户均贷款 78.53 万元，体现了以小微为主的经营方向；不良贷款率就高多了，为 2.44%；盈利能力则差距相当大，ROA 仅 0.47%，ROE 仅 6.60%；远程管控能力也欠佳，异地分支机构良莠不齐。又如，杭州联合银行旗下的村镇银行，学习台、泰非常积极认真，也涌现不少优秀的机构，但是，与“原汁原味”的台、泰旗下的村行相比，差距仍然明显。丽水市的云和联合村镇银行，也是一家优秀机构，多次获得监管部门与政府的通报表扬。但是，与同在丽水市的景宁银座村镇银行、庆元泰隆村镇银行比较（见附表 2），则可发现其小额信贷效率明显较低。客户经理的人均客户数约为其他两行的 60%，员工人均存贷款还不到 60%。进而，盈利能力较低，ROA 和 ROE 只有其他两行的 2/3 左右。

“整装”拓展还能够有力地加速“碎片化”拓展。由于台、泰两行的异地分支机构与村镇银行，都是当地小微信贷的标杆，进而，便自然会引致当地各界的“追捧”与中小银行机构前来学习、借鉴。

三、“整装”拓展的最佳形式是异地设立分支机构，应当允许台州、泰隆等“特别优秀的专业小微信贷银行”跨省设立分行

目前，台州银行、泰隆银行的发展积极性甚高，两行都期待有朝一日成为“中国的富国银行”。这是好事，完全符合我国社会经济、金融发展的需要，有关方面应当积极支持。

城商行拓展服务地域的“渠道”有：异地设立分支机构（目前仅限于省内），主发起村镇银行，主发起“一行多县”的村镇银行，主发起“地市级村镇银行”（目前停止审批）。

台州银行和泰隆银行具有深厚的企业文化，发展中必须确保其企业文化得到完整地传承，进而实现信贷模式“整装”移植。因而，两行不能简单地从其他银行机构引入高级管理人才。只能引入那些认同台、泰银行企业文化的高级管理人才，并且还要经过培训成为合格的“银座人”“泰隆人”后才能上岗。这一点，是与其他银行明显不同的。也因此，在两行的服务地域拓展中，

能够准确、完整地传承企业文化的高级管理人才，乃是“最稀缺的资源”，以及制约拓展进度的最主要因素。

一家村镇银行的营业地域是一个县，与县支行相同，但是，主发起村镇银行需要建立“三会”、建立完备的“法人治理结构”；因而，主发起一家村镇银行需要耗用的“最稀缺资源”要大大多于设立一家县支行。

因此，从节约使用“最稀缺资源”的角度考察，各种拓展“渠道”的“性价比”从低到高依次为：主发起村镇银行→主发起“一行多县”村镇银行→主发起地市级村镇银行→设立分行。总之，容易理解，为了加快“整装”拓展进度，首选“渠道”是设立异地分行。

目前，台州银行、泰隆银行在省内各地级市都已经有分行。因此，为了加速拓展服务地域，其应当加大“差异化、精细化监管”力度，允许这两家“特别优秀的专业小微信贷银行”跨省设立分行。

具体做法可以为：

（1）依据“长三角一体化”原则，特许其将长三角地区视同省内。

（2）由监管当局提出中西部小微信贷不发达地市名单，由这两家银行选择前往。还可考虑，在（省外）长三角地区设立一家分行，搭配中西部地区设立一家分行。

（3）要鼓励“特别优秀的专业小微信贷银行”涌现，同时防止“不合理攀比”。为此，可以考虑设置通用“门槛”，凡是能够跨越“门槛”的城商行，均可以“享受”上述政策。“门槛”应当体现“特别优秀”。比如，可以要求同时满足下列指标：户均贷款（公司贷款＋个人经营贷款）小于 60 万元；不良贷款率低于 1.50%；ROA 大于 1.50%；异地机构必须每一家都做到主要服务小微不走样，户均贷款小、风险低、效益好；等等。

附表 1

2018 年末浙江省城市商业银行主要经营数据

	杭州	温州	嘉兴	湖州	绍兴	金华	稠州	台州	泰隆	民泰	宁波	通商	东海
资产总额／亿元	9198.26	2271.08	659.46	519.36	1074.88	721.33	2048.13	1522.75	1653.17	1282.90	10950.59	828.65	91.97
各项存款／亿元	5368.63	1356.48	458.92	432.69	683.23	506.32	1240.46	1136.55	1087.89	785.38	6471.49	486.67	55.31
储蓄存款／亿元	958.39	372.66	171.84	167.10	204.40	155.54	312.75	858.10	623.28	297.10	1237.94	25.01	13.82
各项贷款／亿元	3506.36	1060.19	349.63	280.89	561.27	361.30	894.69	907.01	1061.48	718.65	4102.04	345.31	36.79
个人经营贷款／亿元	419.94	280.49	73.92	45.55	46.38	49.09	290.26	580.08	748.23	277.62	222.03	64.16	6.91
个人消费贷款／亿元	857.48	243.33	35.09	57.55	24.11	39.58	156.07	137.01	108.73	110.04	1200.02	95.51	7.82
户均贷款／万元	589.95	436.82	188.35	238.63	582.85	238.29	189.45	49.49	36.53	78.53	248.27	73.40	42.66
不良贷款率／%	1.45	1.72	1.05	0.66	1.97	1.68	1.63	0.64	1.18	2.44	0.82	1.19	1.05

续表

	杭州	温州	嘉兴	湖州	绍兴	金华	稠州	台州	泰隆	民泰	宁波	通商	东海
资本充足率／%	13.13	11.85	12.05	13.26	11.15	14.29	12.50	15.71	15.12	11.17	14.82	13.46	12.43
净利润／%	54.13	5.10	6.23	4.07	4.20	1.95	14.68	33.51	27.51	5.98	108.57	7.11	0.19
资产利润率／%	0.62	0.23	0.97	0.85	0.40	0.28	0.75	2.40	1.80	0.47	1.03	0.93	0.18
资本利润率／%	9.93	3.77	14.88	12.95	6.50	4.51	9.46	27.84	23.46	6.60	15.88	9.88	2.51
拨备覆盖率／%	256.00	151.14	370.26	580.90	130.10	163.15	202.57	390.97	220.20	109.48	505.01	211.85	210.82

注：户均贷款以公司贷款＋个人经营贷款计算。

附表 2

云和联合、景宁银座、庆元泰隆 2019 年 1—5 月经营比较

	景宁银座	庆元泰隆	云和联合
资产总额 / 万元	131153	160374	70178
各项存款 / 万元	106789	134980	55848
比 2019 年年初	16092，＋ 17.75%	15477，＋ 12.95%	4586，＋ 8.95%
占当地农信 /%	31.87	26.51	16.01*
储蓄存款 /%	49.95	91.83	72.56
财政存款	0	0	4331，7.75%
央行再贷款	0	0	3000
各项贷款	89614	124312	59955
比 2019 年年初	932，＋ 1.05%	2961，＋ 2.40%	－ 1146，－ 1.88%
当地农信 /%	39.23	31.79	23.86*
抵押 /%	4.93	8.12	2.76
担保 /%	80.17	70.61	90.37
信用 /%	14.90	20.44	6.87
贴现 /%	0	0	0
正常 /%	99.15	96.59	96.95
关注 /%	0.25	2.50	2.36
不良 /%	0.60	0.91	0.69
存贷比 /%	83.92	92.10	107.35
存款平均利率 /%	2.05	3.03	2.85
贷款平均利率 /%	10.62	10.26	9.33
户均贷款 / 万元	20.14	21.54	18.98
500 万元以下贷款 /%	100.00	100.00	100.00

续表

	景宁银座	庆元泰隆	云和联合
个人经营贷款 /%	83.24	78.23	74.44
农户贷款 /%	87.42	80.13	83.68
净利润 / 万元	2052	2106	667
资产利润率 /%	3.79	3.19	2.25
资本利润率 /%	21.99	23.71	16.28
营业网点数 / 个	2	7	5
员工人数 / 人	57	86	75
客户经理人数 / 人	23	31	28
员工人均存款 / 万元	1873	1570	745
员工人均贷款 / 万元	1572	1445	799
客户经理人均客户 / 人	193	186	113

注：* 为 4 月末数值。

（此文刊载于 2019 年 5 月 1 日《改革内参》）

2020 年经济工作中应当深切关注的两个问题

面对持续的经济下行压力，不久前，中央经济工作会议确定，2020 年经济工作的基调是“稳”，要稳字当头，做好“六稳”工作，即稳就业、稳金融、稳外贸、稳外资、稳投资、稳预期。为此，将继续实行“积极的财政政策”与“稳健的货币政策”。对于上述安排，笔者认为，有两个问题应当深切关注。

一、要切实防止“积极的财政政策”冲击“稳健的货币政策”致使货币失稳

继续实行积极的财政政策和稳健的货币政策是正确的，问题是应当看到，在实际执行中存在一种危险，这就是“积极的财政政策”有可能冲击“稳健的货币政策”，致使货币失稳。这值得我们警惕并切实加以防止，理由主要如下。

1. 经过近 10 年的快速扩张，我国目前的货币存量已经明显偏大

2018 年末，我国 M2 为 182.7 万亿元，是当年 GDP 的 203%，在世界主要国家中名列前茅。2019 年，这个比例还有所上升。因此，在 2020 年，控制适度的货币供应量十分重要，如有不慎，货币供应量过大，就很容易引致货币失稳。

2. 当前各级政府存在发生“扩张冲动”的动力

为了做好“六稳”，首先需要维持经济的一定增速，也就是“稳增长”。在经济下行压力加大之时，如何在短期内有效地“稳增长”？最便捷也是各级政府最拿手的办法便是上项目、扩张投资，让财政扩张带动信贷扩张。特别是目前有部分专业人士过分强调“宏观政策逆周期调节”，仿佛目前我国经济的主要症结是总量问题，而非结构问题。这就很容易助长各级政府的过度扩张及扩张点偏颇。

3. 我国中央银行的独立性不强，难以有效抑制财政过度扩张

财政扩张不能“过度”，否则就会引发通货膨胀，甚至滞胀。这个“度”，要依靠中央银行的以稳定货币为目标的货币政策来“把关”。我国的央行（即中国人民银行）的独立性不强，只能“独立执行货币政策”，不能“独立制定货币政策”。因而，一旦财政扩张过了度，中国人民银行是很难稳住货币的。

二、要始终紧盯收入分配问题，把其作为战略性的核心调控目标，因为这才是当前内需不足的根源

当前我国经济增速持续下行的原因是多方面的，既有国际问题，更有国内问题。国内问题中最重要的是内需不足，而内需不足的根源则在于收入分配结构不合理。我国目前的收入分配存在两大问题。

1. 贫富差距过大

由于相关措施不到位，以致从 20 世纪 90 年代起，随着经济的高速成长，基尼系数急剧上升。目前约为 0.47，甚至可能更高一些，超过了欧美发达国家及多数发展中国家。这种随着经济成长而贫富差距扩大的现象,乃是“二战”前的古典资本主义特征（《资本论》中有详述），而非现代市场经济特征，更不是社会主义市场经济应当有的特征。这种特征的显现，势必造成国内需求不足。

2. 居民人均可支配收入占人均 GDP 的比重偏低

如 2018 年，居民人均可支配收入为 28228 元，仅占人均 GDP（64644 元）的 43.7%。从表 1 可知，20 世纪 80 年代，此占比还在 50% 以上，进入 90 年代后就迅速降到 50% 以下。此占比与消费率呈明显的正相关，随着这一占比下降到 50% 以下，消费率也就降到 60% 以下。消费率下降，投资率便相应地上升；随着经济增速下行，投资系数便迅猛上升。如 2018 年，人均可支配收入仅占人均 GDP 的 43.7%，消费率仅 54.3%，投资率为 44.8%，GDP 增长 6.6%，投资系数为 6.8，投资效益已经相当低下。预计 2019 年这种趋势还将加剧。

表 1　1978—2018 年我国人均可支配收入与人均 GDP

	1978	1980	1985	1990	1995	2000	2005	2010	2015	2016	2017	2018
A 人均 GDP/ 元	385	468	866	1663	5091	7947	14368	30808	50028	53680	59201	64644
B 人均可支配收入 / 元	171.2	246.8	478.6	903.9	2363	3721	6385	12519	21996	23821	25974	28228
B/A(%)	44.5	52.7	55.3	54.4	46.4	46.9	44.4	40.6	43.9	44.4	43.9	43.7
消费率 /%	61.4	64.8	64.5	62.9	58.8	63.3	53.6	48.5	51.6	53.6	53.6	54.3

资料来源：《中国统计年鉴 2019》。

很明显，这“一高一低”问题，即基尼系数偏高、人均可支配收入占人均 GDP 比重偏低进而消费率偏低，乃是当前我国经济中最重要的症结，必须尽快有效地解决。否则，国内需求不足、严重依赖外需的格局便难以改变，投资效益也将进一步下降，社会稳定也会受到更大的冲击，我们的“初心”“使命”也将会难以实现。

目前，我们在进行扶贫、脱贫攻坚，这是必要的、正确的。但是应当看到，目前脱贫的标准不高，如 2018 年，我国贫困标准仅为 3535 元，相当于人均可支配收入（28228 元）的 1/8 和人均 GDP（64644 元）的 1/18。这也就是说，脱贫攻坚对于全社会贫富差距的调节力度还相当有限，远不足以推动“一高一低”问题的纾解。

当然，要完全纾解这“一高一低”问题，不是一朝一夕就能够办到的，需要一定的时间。目前，应当把从根本上纾解“一高一低”问题上升到国家核心战略高度，花费十年左右时间，采取得力有效的综合措施，如搬走这些“大山”、完善“一次分配”、改革“二次分配”等等，实现基本纾解。为此，2020 年，就应当把“积极财政政策”的扩张重点转移到纾解“一高一低”问题上来。笔者希望，通过 2020 年再加上“十四五”的努力，把基尼系数降低到 0.4 左右，把人均可支配收入占人均 GDP 比重提升到 55% 左右，消费率达到 60% 以上。再通过“十五五”的努力让基尼系数降低到 0.35 左右；让人均可支配收入占人均 GDP 的比重上升到 60% 以上，消费率达到 70% 左右。

网贷平台转型小贷公司之路应该怎样走？

2020 年 11 月末，全国还在正常运行的 P2P 仅剩 456 家，仅为 2017 年初（2238）的 1/5，不久前，互金整治办和网贷整治办共同发布《关于网络借贷信息中介机构转型为小额贷款公司试点的指导意见》（以下简称《指导意见》）。其中称，坚持机构自愿和政府引导、市场化和法治化处置；坚持原则性和灵活性相结合的原则，开展网贷中介转型小贷公司试点工作。业内人士指出，《指导意见》为网贷平台转型小贷公司提供了制度依据，加速了网贷平台的转型清退，意味着网贷业整顿将迎来“大结局”。

网贷平台之所以会走到这一步，是有其必然性的。作为信息中介的网贷平台，是信用经济的产物。在信用经济下，良好的个人信用，乃是一个人在社会中正常生活的最重要的资源，每个人都不会轻易地拿自己的信用开玩笑，因而借款人不敢提供虚假信息，更不敢失信。我国还远远不是信用经济，借款人提供虚假信息并且失信的情况甚为常见。因而，目前，我国的 P2P 是“风控乏术、难以规范”的，它只能是变相办银行的信贷中介（少数还是自融、变相集资，甚至庞氏骗局），难以成为真正的信息中介。最终，全行业离场实在情理之中。

《指导意见》出台后，有多少网贷平台能够转型为小贷公司尚未可知，有的业内人士认为，绝大多数平台会选择转型小贷公司；还有的指出，转型小贷公司之路并不容易，仅少数平台才有可能转型成功。

笔者认为，应当看到，现行的小额贷款公司是一类不怎么靠谱的金融机构，它存在致命的弱点：背离初衷、不可持续。

（1）“背离初衷”。当初推出“只贷不存”小贷公司的本意在于促进民间借贷“阳光化”。第一步，“只贷不存”；第二步，让其中经营合规、市场定位小微、资产质量与绩效俱佳的公司改组为社区银行，以造就一批真正的“草根银行”——民营的、与小微客户共存共荣的银行。总之，是为了达到两个目标：一是有效缓解小微客户融资难的问题；二是向民间金融资本开放银行业市场准入“正门”。众所周知，现行的小贷公司状况与上述初衷严重背离。

（2）“不可持续”。没有适度杠杆率的信贷机构是缺乏效率的。现行的“只贷不存”小贷公司的杠杆率甚低，因而信贷资金成本甚高，进而贷款利率甚高。2017 年全国小贷公司向中小企业融资的利率平均为 21.9%，高居各类融资渠道之首，接近全国企业社会融资平均利率（7.6%）的三倍（见表 1）。如此高的贷款利率，只能招来一批质量甚差的客户，以致资产质量不佳，不良贷款高企。近几年，随着经济增速的下行，中小微企业的经营困难加大，小贷公司的经营也举步维艰，总规模在缩减，不良贷款率 20% 以上、30% 以上的公司甚为普遍，停业、歇业的为数不少。特别是今年以来，全国各类银行都积极支持民营企业，努力解决“续贷”问题，更是大大侵削了小贷公司的“过桥贷款”业务，加剧了小贷公司的经营困难。虽然，《指导意见》允许转型而来的小贷公司有 5 倍的杠杆率，但是，在现行情况下，又会有几家银行愿意借款支持它们呢？

表 1　2017 年中小企业各类融资渠道的融资成本

渠道	利率 /%	渠道	利率 /%
承兑汇票	5.19	融资性信托	9.25
银行贷款	6.6	融资租赁	10.9
企业发债	6.68	保理	12.1

续表

渠道	利率 /%	渠道	利率 /%
上市公司股票质押	7,24	网贷	21.0
中国企业社会融资	7.6	小贷公司	21.9

出路何在？笔者认为，网贷平台可以考虑转型为依附于大中型银行的、专门从事普惠金融业务的小额贷款公司。具体要点构想如下。

（1）金融监管当局要规定，作为社会责任，大中型银行不但要支持小微企业，而且要积极发展普惠金融，让 300 万元以下“普惠金融”贷款占贷款余额的一定比例。这 300 万元以下的普惠金融贷款，可以自行发放，也可以由其他小金融机构合作发放。这些合作发放的普惠金融贷款，可以计入大中型银行的考核中。

（2）转型而来的小贷公司,应当具有良好的小微信贷“理念、机制、技术”,有能力专门从事 300 万元以下的小微信贷业务。

（3）转型而来的小贷公司与大中型银行签订合作协议、代理银行发放 300 万元以下的普惠金融贷款。①小贷公司的资本金存入合作的银行，作为贷款风险保证金。②合作的银行向小贷公司提供不低于其存入资本金 10 倍的信贷资金，并且负责信贷资金的出纳。③小贷公司仅仅从事 300 万元以下的普惠金融贷款业务，并且接受合作的银行与银监部门的双重监管。④小贷公司自主经营、自负盈亏，自行承担贷款业务中的风险损失。⑤合作的银行要负责向小贷公司提供先进的操作系统，确保小贷公司的普惠金融贷款操作手段具有先进性。

（4）转型而来的小贷公司，不但可以在与大中型银行的合作中发展壮大，并且，发展壮大后，其中具备一定条件的业绩优秀者，允许转型为民营的、专门服务小微企业的小型银行。

向城市常住人口提供廉租房是当前扩大内需的良好的重要抓手

当前，形势严峻、险恶、复杂，应对的关键首先在于做好自己的事。为此，中央提出“六稳”“六保”。要做到“六稳”“六保”,必不可少的措施便是通过“积极的财政政策”扩大内需。为取得较为理想的政策效果，必须选择良好的“扩张点”。一个良好的“扩张点”,应当具有多方面的政策效果及较大的乘数效应。并且，除了具有良好的即期效果外，还应当具有良好的远期效果，能够促进我国经济中的一些症结问题的化解。这样的“扩张点”是为数不多的，应当认真发掘，切实利用。向城市“常住人口”提供廉租房，就是这样的一个不可多得的“扩张点”，从而应当从速摆上日程，切实利用。

目前，大城市中的廉租房仅向户籍人口提供，来自农村的务工者是轮不上的，即使是进入城市打工十多年者，也仍然无缘廉租房。这样的情况，不仅有失社会公平，而且，也使得“城市化”不能够真正完成。应当迅速改变这种状况，赋予“常住人口”入住廉租房的权利，并且为满足这一需求，大量建造廉租房。这样做，好处多多，至少有下列几项。

（1）能够有效地扩大内需，促进投资，促进消费，并且增加就业。目前全国外出务工的农民有 1.7 亿人，其中大部分需要租用廉租房。每年还有大中专毕业生1250万人，其中至少有一半需要租用廉租房。以每人租用30 m^2计算，总需求量当在40亿 m^2以上，建筑业产值超过6万亿元。如此大的需求量，首先，无疑能够促进固定资产投资，进而促进建筑业繁荣。建筑业是“劳动密集型”行业，能够吸纳较多的就业，这对于“稳就业”很有利。再则，入住廉租房的都是“常住人口”中的“低收入人群”，收入的边际消费倾向甚高。他们入住后，租房支出大大减少，这就等于增加了收入，进而肯定能够带来更多的消费。

（2）有助于改善企业营商环境。“常住人口”入住廉租房，能够大大降低生活费用，进而降低了劳动力成本，这对企业的成本控制无疑是十分有利的。

（3）能够促进“城市化”的真正实现。向“常住人口”提供廉租房后，进城务工的农民即使买不起住房，也可以入住廉租房而体面地生活。这就使得大部分农民工能够在城市里真正安家落户，成为城市的永久居民，而不是漂泊者。

（4）有助于提高人口素质，促进我国未来的发展。“常住人口”可以入住廉租房，他们便有条件将幼小的子女留在自己身边，进而在很大程度上解决“留守儿童”问题。这样，他们的子女便能够获得较好的照顾与教育。显然，这有利于人口素质的提高，对于我国未来的发展甚为有利，同时也体现了“收入分配向未来倾斜”这一现代文明理念。

（5）有助于缓解社会贫富差距偏大的经济痼疾。由于向“常住人口”提供廉租房这一政策的直接得益者主要是农民工等低收入人群，从而，这一举措能使“收入分配向弱势群体倾斜”。因而，这也是我国收入分配改革的组成部分，能够缩小社会贫富差距，缓解社会矛盾，促进社会和谐。

廉租房是保障性住房，管理上一定要规范，以确保其“保障性”不走样。一则，仅供符合条件者本人及直系亲属入住，本人离去就必须收回，不得出借，更不得转租。二则，一个人或一个家庭只能租用一套，并且必须在当地没有其他住房。三则，功能要配套，每套的面积要严控，比如20 m^2、30 m^2、40 m^2、50 m^2，最高为60 m^2，并且一个人居住不超过40 m^2。四则，租金要累进。比如，20 m^2月租为100元，30 m^2为200元，40 m^2为400元，等等。

今后，房地产税开征后，税金收入应当首先用于廉租房建设。

民营企业融资难融资贵的成因与对策

一、民营企业融资难、融资贵的成因

经过改革开放以来四十年的发展，民营企业对国民经济的贡献已经很大，达到“五六七八九”，即贡献了 50% 以上的税收、60% 以上的 GDP、70% 以上的科技创新、80% 以上的城镇就业、90% 以上的企业数。但是，仍然存在“融资难、融资贵”的问题。

对于大中型民营企业，主要是融资贵（相对于国企）。据中国财政科学研究院的 2019 年“降成本”问卷设计与分析组报告：2018 年，样本中国有企业的银行长期贷款利率、债券发行利率、短期贷款利率分别为 5.28%、5.66%、5.06%—5.17%；而民营企业分别为 6.31%、6.77%、6.05%—6.14%。

对于小微民营企业，则首先是“融资难”，其次才是“融资贵”。据《中国小微金融发展报告（2018）》测算，2017 年末小微企业的融资覆盖率仅 20.75%。特别是“微型企业”，即规模以下小企业和个体工商户，很难从正规银行渠道获得贷款，所以融资成本很高。中小企业协会透露，小微企业通过小贷公司等渠道获得资金的成本较高（见表 1），小微企业总融资缺口达 22 万亿元。

表 1　2017 年中小企业各种融资渠道的成本排行（%）

承兑汇票 /%	银行贷款 /%	企业发债 /%	上市公司股票质押 /%	融资性信托 /%	融资租赁 /%	保理 /%	网贷平台 /%	小贷公司 /%
5.19	6.6	6.68	7.24	9.25	10.7	12.1	21.0	21.9

资料来源：《21 世纪经济报道》。

注：所示均为名义利率，实际上，还要加上各种费用。“银行内费用”主要是拉存款贴息、咨询费、顾问费、管理费等。“银行外费用”主要有担保费、抵押土地与房产的评估费、审计验资费、公证费、保险费、办证费等。

民营企业“融资难、融资贵”，既有“世界共性”，又有“中国特色”。目前，我国各类经济主体的融资能力有以下两个特点：一是与其“公有化程度”呈正相关，“公有化程度”越高，融资能力便越强；二是与经济主体经营规模呈正相关，规模越大融资能力就越强（见图 1）。后者具有世界共性。各国的小微企业，均不同程度存在财务制度不健全、财务数据不真实、缺乏足值抵押物、融资金额小操作成本高、经营稳健性差易出风险等问题。因而，不但无缘直接融资，而且也由于“信息不对称”、利润薄、风险大而难获银行青睐。鉴此，通常把小微企业融资称为“世界性难题”。前者则是“中国特色”，也就是，改革尚未到位、市场经济还不完善、“所有制歧视”尚未完全消除。

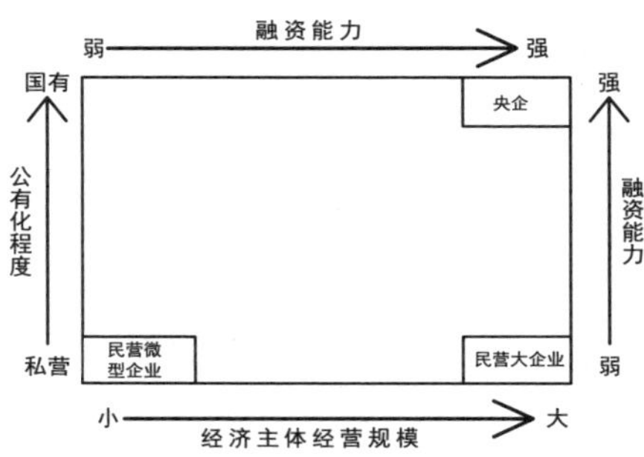

图 1　企业融资能力影响维度

计划经济时代，我国仅存在两种公有制经济主体，即以国家所有制形式出现的全民所有制和城乡集体所有制。任何私有制性质的商业活动都是“走资本主义道路”，都要“赶尽杀绝”。

改革开放启动后，民营企业才开始成长。由于我国的改革是“渐进”的，因而民营企业的地位也是“渐进”的，并且，“渐进”之路尚未走完。

党的十九大报告的提法是，“必须坚持和完善我国社会主义基本经济制度和分配制度，毫不动摇地巩固和发展公有制经济，毫不动摇地鼓励支持引导非公有制经济发展，使市场在资源配置中起决定性作用”。2019 年的政府工作报告中更是提出了竞争中性原则。从中可以看到，民营经济与公有制经济这个“主体”相比，仍是被引导的“配角”，而要真正实现民营企业与国有企业的平等竞争，还需继续努力。

全国各地的“所有制歧视”程度是不一样的。在那些国有企业原来就不多、民营企业蓬勃发展的地方，“歧视”就较轻微；反之，“歧视”就会严重一些。“计划经济思维残余”有时还会“反扑”，冲击民营经济的正常发展。

小微企业信贷客户可分为 5 个档次：①单户授信额超过 500 万元（2019 年起调整为 1000 万元）的规模以上小企业；②单户授信额度不超过 500 万元（2019 年起调整为 1000 万元）的规模以上小企业；③规模以下小企业；④个体工商户；⑤农户。目前，①档客户从银行获贷并无太大困难。②③④⑤档客户则不同程度地存在困难。所以，监管部门将后 4 档客户的贷款合起来列为“小企业贷款”（2019 年起改名为“普惠型小微企业贷款”），专门考核。在这 4 档客户中，获贷最为困难的是“个体工商户”和“规模以下小企业”。

二、纾解的基本策略

纾解“民营企业融资难融资贵”重在治本，基本策略是一个“消除”，三方面“发力”。

1. 一个“消除”

就是要解放思想，正确认识民营企业在社会主义市场经济中的地位，彻底消除“所有制歧视”，兑现竞争中性原则。为此，要认真领会习近平总书记 2018 年 11 月 1 日在民营企业座谈会上的讲话，并切实贯彻落实。

众所周知，2018 年我国民营企业受到来自“传统理论思维”的重大冲击。一时间，民营企业人心惶惶，仿佛大限将至，严重影响了国民经济稳定，高层领导纷纷发声纠错。先是发改委，再是国务院，最后是习近平总书记亲自出场召开座谈会，让民营企业吃下定心丸，安心谋发展。

2018 年 11 月 1 日，习近平总书记在民营企业座谈会上发表重要讲话，讲话的核心是：“民营经济是我国经济制度的内在因素，民营企业和民营企业家是我们自己人。”这一定位，正是兑现竞争中性原则的必要基础。

其实，马克思的唯物史观早已告诉我们，生产资料私有制是社会发展的一定历史阶段的产物，只有到了生产力高度发展，物质极大丰富，生活资料数量足以满足全体社会成员的绝对消费需求时，生产资料的私人占有失去了存在意义后，才会消亡。目前，社会生产力距离这个高度还远着呢！

2. 三方面“发力”

就是要从机构、资金和信用等三个方面努力采取措施。

（1）机构。要大力发展愿意并善于发放小额信贷的金融机构。首先要继续发展地方性小银行。目前，全国有农信机构 2000 余家，村镇银行 1631 家，城商行 134 家，合计不到 4000 家，数量还不及当年的城市信用社（1994 年末 5200 家左右）。与国际比较，也明显偏少，美国仅“社区银行”就有 6000 余家。其次，要努力提高地方性小银行的活力。目前，地方性小银行良莠不齐，部分机构活力欠佳。比如，有少数农信机构，衙门作风尚未消除，更有一些农信机构基本上不向个体工商户及规模以下小企业贷款。又如村镇银行，目前贷款市场份额在下滑，我省也不例外。2019 年，浙江省村行贷款仅增长 4.93%，不到全省金融机构（15.10%）的 1/3。再次，要鼓励创新，促进优秀的“专业”小额信贷机构成长。改革开放以来，我国涌现出一些优秀的小微信贷机构，尤其是下列两类。一类是利用网络与大数据的阿里小贷、腾讯微众“微粒贷”等，它们具有独特的风控手段，是互联网金融中的成功者。另一类是以台州银行、泰隆银行为杰出代表的“劳动密集型”小额信贷模式（见表 2）。台州、泰隆两行具有深厚的企业文化，立志成为中国的“富国银行”，资产质量、经济效益都非常出色。这两类机构都是在“企业家精神”主导下成长起来的民营银行机构。

表 2　浙江省城市商业银行（城市信用社）的户均贷款

	杭州/万元	宁波/万元	温州/万元	湖州/万元	绍兴/万元	金华/万元	台州/万元	泰隆/万元	民泰/万元	稠州/万元	东海/万元
2002 年 3 月	1149	225	49	57	232	188	35	54	57	50	11.4
2005 年 12 月	474	439	134	193	353	148	52	77	43	91	47
2018 年 12 月	590	248	437	239	583	238	49	37	79	189	43

注：户均贷款按“公司贷款十个人经营贷款”计算，不含个人消费贷款。

此外，还应当运用适当的方法引导、推动其他各类金融机构包括大金融机构也参与小微信贷。

（2）资金。要大力引导信贷资金流向小微信贷领域。小额贷款的派生存款少；小微信贷机构规模小、网点少、品牌欠靓，吸存能力弱；因而资金来源紧张、成本偏高。为此，有关部门应当大力引导低成本资金流向小微信贷领域。其一，要完成“利率市场化”，允许银行自主决定利率浮动幅度。其二，进一步加大存款准备金率与再贷款向小微信贷领域倾斜的力度。其三，地方财政应进一步向小微信贷领域倾斜。比如，将地方财政存款优先存入努力发放小微贷款的金融机构等等。其四，加速发展、完善证券市场，进而促使大中型银行的信贷“下沉”。其五，继续简化手续，引导、鼓励小型银行机构更多更方便地利用同业拆借市场及通过发展“资产转让”筹措信贷资金。还可以考虑支持部分银行发行金融债、同业存单。

（3）信用。要大力推进信用制度建设，加速迈向信用经济。其一要尽快完善征信大数据平台。目前，央行的金融信息征信平台已经比较完善；来自地方各部门，如法院、工商、公安、交管、医院等的征信信息，正在加速整合。进度快的地方，要继续努力，如充实商户的市场交易数据等等。其二要把向银行提供虚假信息的行为列入“不良信用记录”，甚至入刑。信用经济建设依靠的是法制，在欧美发达国家，对银行撒谎属于犯罪，要入刑坐牢。我国也应当学习、借鉴。作为第一步，可规定，对银行撒谎要列入“不良信用记录”；同时，在重要的个人、家庭、企业信息申报中，撒谎也要列入“不良信用记录”。

三、对一年来国有大银行"强势入局"的评价

为改善民营企业的营商环境，国家要求2019年，"五大银行"（工、农、中、建、交）与大型商业银行的"小企业贷款"必须增长30%，利率要在2018年下降的基础上再降低一个百分点；同时，将"小企业贷款"的上限由500万元上调到1000万元，并改名为"普惠型小微企业贷款"。这就迫使大型银行从信贷额度、利率定价、考核激励等多方面强势入局小微企业信贷，其"普惠型小微企业贷款"规模迅速扩大，市场份额大幅上升。但也由此带来了业界对国有大银行"掐尖"优质小微企业客户造成"贷款搬家"，抢夺地方法人银行市场蛋糕的质疑，以及运动式、行政化干预小微信贷市场是否违背市场规律的争议。对此，我们认为：即期看，效果明显，利大于弊；长期看，难以"可持续"。

1. 即期看，效果明显，利大于弊

首先，普惠型小微企业贷款实现快速增长。2019年10月末，全国普惠型小微企业贷款同比增长23.3%，比全部贷款增速高出近11个百分点。五大国有银行2019年9月末的普惠型小微企业贷款余额达2.52万亿元，同比增长47.9%，超额完成年度目标。全国小微信贷最发达的台州市，2019年9月末，五大国有银行的普惠型小微企业贷款比年初增长27.78%，快于地方法人银行贷款增长（11.07%）16.71个百分点，快于全部金融机构贷款增长（12.36%）15.42个百分点。

其次，小微企业贷款的综合融资成本下降。2019年10月末，全国普惠型小微贷款利率同比下降0.64个百分点。中国银保监会负责人表示，2019年9月末，普惠型小微企业综合融资成本下降已超过一个百分点。台州市，地方法人银行的小微贷款加权平均利率由2018年7月的9.20%下降到2019年9月的8.00%。

再次，显现一定的"鲇鱼效应"。在台州市，来自国有大银行的竞争压力，迫使地方法人银行利用自己更"接地气"、决策链短、机制灵活的优势，开发出多种适应客户需要、手续更加便捷、随借随还、无还本续贷等创新型贷款产品；同样的抵质押品，估值和折扣率更高。金融监管部门在对待金融创新时，

思想也更加解放，态度更加宽容。

此外，虽然出现了“贷款搬家”“挤出效应”，但是总体烈度仍处于地方法人银行可承受的范围，尚未带来破坏性冲击。如台州市，2019 年 1—9 月，国有大银行新增普惠小微贷款的市场份额为 32.54%，比 2018 年下半年（24.48%）增加 8.06 个百分点；而同期增量中，地方法人银行的份额为 39.68%，比 2018 年下半年（46.36%）减少 6.68 个百分点；“挤出效应”明显。2019 年 1—9 月，从地方法人银行转移到国有大银行的小微企业有 362 家，9 月末的贷款余额为 7.86 亿元，占同期地方法人银行普惠小微企业贷款的 2.93%。但同期，也有 129 户普惠小微企业客户减少了在国有大银行的贷款额，增加了在地方法人银行的贷款，共计约为 3.51 亿元。进出相抵，地方法人银行的贷款仅被搬走 4.35 亿元，占其普惠小微贷款余额（268.30 亿元）的 1.62%，尚未“伤筋动骨”。

2. 长期看，难以“可持续”

2019 年国有大银行的“信贷下沉”不但依靠行政指令贯彻，而且还以牺牲利润为代价。2019 年，浙江省“五大银行”的利润增长出现拐点，由同比增长转为同比下降且下降额逐季扩大，1—3 季，同比分别为 -0.18 亿元、-3.62 亿元和 -52.12 亿元。

国有大银行不熟悉小微企业客户，单位贷款的综合成本并不低。而为了完成“硬指标”，往往强行压低普惠小微贷款利率，甚至亏本做小微。比如建行台州分行，2019 年上半年小额贷款平均综合成本为 6.01%，但是平均利率只有 4.73%，倒挂 1.28 个点，亏损 3022.98 万元。总之，国有大银行现行的普惠小微贷款利率并不具有商业可持续性。同时，由于扭曲了市场，带来了一些有违于金融安全稳定的其他弊端。比如，容易产生过度融资和过度授信，加大风险隐患。2019 年冬，台州出现不良贷款的贷款余额在 100 万—1000 万元的企业有 708 家，其中 676 家企业存在多头授信情况。又如，可能出现假冒或挪用普惠小微贷款的行为，挪用普惠小微贷款资金，用于个人消费、民间借贷套利、房产投资等等。再如，由于大银行的小微信贷总是要回归常态的，因而，一旦大银行的定价策略调整，就可能会对基于目前低利率贷款制定经营策略的企业造成很大影响。

四、下一步的对策建议

浙江省下一步措施，要按市场经济规律行事，避免扭曲市场；要从各地实际出发，不宜“一刀切”；要防止“矫枉过正”，避免出现“跷跷板”。

1. 继续努力降低小微企业的融资成本

①重点是“降费”，特别是“银行内费用”。

②要大力发展“随借随还”的金融产品。

③在确保风控的前提下，继续减少“过桥成本”。

④争取央行加大“支小再贷款”力度。

2. 努力解决好“首贷难”

据某市调查，2019 年，成立三年内的小微企业（含个体工商户，下同）首贷覆盖率仅为 7.82%。主要问题有三：①准入门槛高，“不能贷”；②信息不对称,担保又困难,“不敢贷”；③考核机制的导向不利于发放首贷,“不愿贷”。建议：①在对商业银行的考核中，要将首贷户单独列出，适当“倾斜”；②要求商业银行对首贷户制定单独的、更宽松的准入门槛；③财政可考虑设立“首贷专项风险补偿金”，人行可优先给予支小再贷款；④加大对政策性担保公司的支持力度，为首贷户提供增信手段；⑤要制定商业银行首贷业务指导意见，并规定商业银行的支行必须拥有一定的贷款审批权；⑥建立对提供虚假信息行为的惩罚制度；⑦落实客户经理的尽职免责。

3. 努力促进地方法人金融机构健康发展

（1）深切关注村镇银行，通过整顿、重组、淘汰，清除活力不济的劣质行。浙江省现有村镇银行 73 家，2016 年就“县域全覆盖”。目前的主要问题是良莠不齐，既有十分优秀的机构，如三门银座、长兴联合等，又有很差的机构，如某村行，2011 年开业，资本金 1 亿元，2019 年末的贷款余额仅 2000 万元。故建议：①目前贷款余额不足 1 亿元的村行及不良贷款高企、资本充足率不足 5% 的村行，应当坚决清盘。②目前贷款余额不足当地农信机构 5% 的村行，应当责成整改，并且鼓励重组、更换主发起人。③目前村行贷款余额不足当地农信机构 10% 的县域，允许增设新的村行。④由当地农商行主发起的村行，不可能与农商行开展竞争，有悖初衷，应当重组。⑤村镇银行是独立法人，必须拥有自主开发信贷产品的权力，对于缺乏此项权力的村行，监管部门要责成主发起银行放权。⑥省金融管理部门要对全省的村镇银行进行指导、督促与开展年终评比。

（2）发展政策性担保公司。从实际情况看，浙江省各地的政策性担保公司尚不足，各县域应当依据实际需要适当发展。

（3）P2P 和小贷公司的前途。P2P 是信用经济的产物，在我国尚缺乏生存的必要基础，目前正在加速出清。其中较为优秀的平台，以转型为“依附于大银行的助贷机构”较妥。目前，小贷公司已经连续数年机构、资本、贷款“三降”。小贷公司的困境有内在根源，它没有金融机构身份，杠杆率极低，而资金成本很高，客户空间狭窄，贷款风险很大，不可持续。其最佳出路是：第一步，成为依附于大银行的助贷机构，利用其“接地气”的优势替大银行发放“普惠型小微企业贷款”；第二步，让其中的业绩优秀者获得社区银行、村镇银行牌照。

（4）应当发展一批“草根银行”。“草根银行”规模可类似“村镇银行”，其实际控制者限于三种人：下海创业的金融业务骨干；准金融业如担保、典当、投资咨询等的从业者；将全部资本投入金融业的原工商企业主。该类银行实行“无限责任”，实际控制人及大股东需对清盘时的债务承担完全责任。

（5）监管当局应当允许台州银行、泰隆银行跨省区设立分行。台、泰两行是“特别优秀的专业小微信贷机构”。为促进台、泰信贷模式更快地走向全国，为更多的小微客户服务。监管部门除了倡导地方法人银行学习借鉴台、泰信贷模式外，还应当“差异化精细化”地处理城商行跨省区设立分行问题，不搞“一刀切”。可以从市场定位、资产质量、资金效益、远程管控能力等四个方面设置门槛，让台州银行、泰隆银行能够“跨过去”。

（6）国有大银行要“可持续”地参与普惠小微信贷，不能造成市场信号扭曲。①从国有大银行应当履行社会责任角度出发，规定其各项贷款中的普惠型小微企业贷款最低比重，利率则由市场决定。②国有大银行的普惠型小微企业贷款可以通过三种形式发放。一是设立小微企业信贷专营支行，由支行发放。二是委托擅长小微企业信贷的地方法人银行发放，风险由放贷机构承担。三是与专业的助贷金融公司合作。

（7）各级政府要努力改善整个营商环境，形成良性循环。营商环境的内涵很广，金融服务只是其中一个元素。整个营商环境好了，企业的效益会上升，会有更多企业新生。进而，金融业就会走向繁荣，风险会下降；再进一步，又会促进整个营商环境的改善，形成良性循环。

（此文系浙江省统一战线智库2019招标课题，课题组长应宜逊，组员王静、王文中、洪振扬，课题执笔人应宜逊，结题后评为“优秀”，刊载于《浙江金融职业学院学报》2020年第3期）

助贷业务："分润"模式应当慎行及补充建议

据《21 世纪经济报道》2020 年 8 月 12 日报道："在《商业银行互联网贷款管理暂行办法》（下称《暂行办法》）与民间借贷利率司法保护上限拟调整的双重压力下，中小银行的助贷模式面临新的抉择。"也就是说，将有相当多的银行，会由原来的担保模式转向"分润"模式。

所谓担保模式，主要是助贷平台先向银行存入一笔风险准备金（约占助贷金额规模的 5%—10%），再由银行"配套"一笔助贷资金，若助贷业务出现坏账，银行直接从风险准备金中扣款以填补坏账损失。

所谓"分润"模式，就是银行承担风控与放贷审核职责，助贷平台则提供获客导流、辅助风控等服务，双方按照事先约定的利润分成比例分配助贷业务利润，以及承担相应比例的坏账风险。

一些银行认为（如花旗银行发布的最新报告），在《暂行办法》实施后，分润模式有望在中国助贷业务市场占据更重要的位置。个中原因为：一是它能更有效地遵守《暂行办法》监管规定；二是它能给助贷平台"释放"更多资金；三是银行也能获得更高助贷业务利润，吸收更多资金流入这个市场。

对此观点，笔者不敢苟同。笔者认为，分润模式存在重大风险隐患，应当慎行。

在分润模式中，银行承担贷款审核职责，同时也是贷款风险的主要承担者，即第一责任人。这里存在很大的“漏洞”。因为，贷款审核者即是第一责任人，是公司贷款逻辑，它要求贷款客户的财务制度健全、财务数据翔实，通常还有足值抵押物或强有力的担保，不存在“信息不对称”问题。而助贷业务发放的贷款主要是“普惠型小微企业贷款”，其贷款客户，尤其是其中的“规模以下小企业”和“个体经营户”，财务制度很不健全、财务数据很不准确、还往往缺乏足值的抵押担保等等，存在严重的“信息不对称”问题。因此，前述的公司贷款逻辑在此类贷款业务中完全不适用。在此类贷款业务中，对客户信息掌握得最多最全的无疑是助贷平台中从事“获客”工作的客户经理与客户经理团队，他们才应当是贷款风险的第一责任人。我国普惠型小微贷款做得最好的银行，特别是台州银行、泰隆银行，都是如此，均把从事贷款调查的客户经理与客户经理团队作为贷款风险的第一责任人。显然，在分润模式中，让负责审核的银行充当贷款风险的第一责任人，是不恰当的，存在巨大风险隐患的。

同时，在分润模式中，由于助贷平台中从事获客工作的客户经理不再是贷款风险的第一责任人，这就很可能促使其调查工作“粗糙化”，客户信息的完整性、准确性有所下降。这就会进一步增大贷款的风险。

综上，分润模式应当慎行。

此外，为了促进助贷业务健康发展，笔者补充建议如下：

（1）助贷业务的范围应当限于普惠型小微企业贷款。因为发放金额大于1000万元的企业贷款，任何银行都不会有大困难，没有必要借助助贷平台。因此，助贷平台的金融功能应当限定于帮助银行尤其大中型银行贷“普惠”、贷“小微”。

（2）助贷平台的合作对象限于大中型银行。小银行原则上不允许与助贷平台合作。因为大中型银行吸存能力强，资金充沛，成本较低，其主业是贷大项目，服务大中型企业。现在，作为社会责任，需要它们也介入普惠领域，它们虽有资金优势，但是发放普惠小微贷款是它们的“短板”，正好需要熟谙“普惠”的助贷平台的帮助。小银行则不然，其吸存能力欠强，没有资金优势，其竞争优势主要在普惠金融领域，因此，没有必要去与助贷平台合作。

（3）监管部门要督促合作的银行对助贷平台做好“两个支持”。一是低利率的资金支持。目前助贷平台获得的资金的利率偏高，如上海某助贷平台，90% 的资金需支付年率 8% 的利息。由于资金成本高，进而，贷给小微企业的利率也高达 12%—13%，这就既加重了小微客户的负担，又加大了贷款风险，更不符合当前国家的“降低小微企业贷款利率”的要求。实际上，大银行的吸存能力强，资金成本是不高的，“四大银行”的资金成本均在 2% 以内，因此，建议规定，银行提供给助贷平台的资金，利率的上限原则上应为 LPR(即贷款基础利率，目前一年期为 3.85%)。由于无须承担贷款风险，因而在这个利率下，银行的收益已经不低了。二是金融科技支持，大银行实力强，一般均有相当高的金融科技水平，助贷平台则由于规模小、实力弱，依靠自身的力量很难拥有较高的金融科技水平，因而十分需要合作银行的支持。

（4）监管部门要适当“扶持”优秀的助贷平台。对于市场定位好、风控能力强的助贷平台，监管部门应当主动帮助联系合作银行，以促进其业务发展。对于十分优秀的助贷平台，监管部门应当允许其升格为银行，如社区银行、村镇银行、小额信贷银行等。

（此文刊载于 2020 年 10 月 2 日《改革内参》）

2021 年

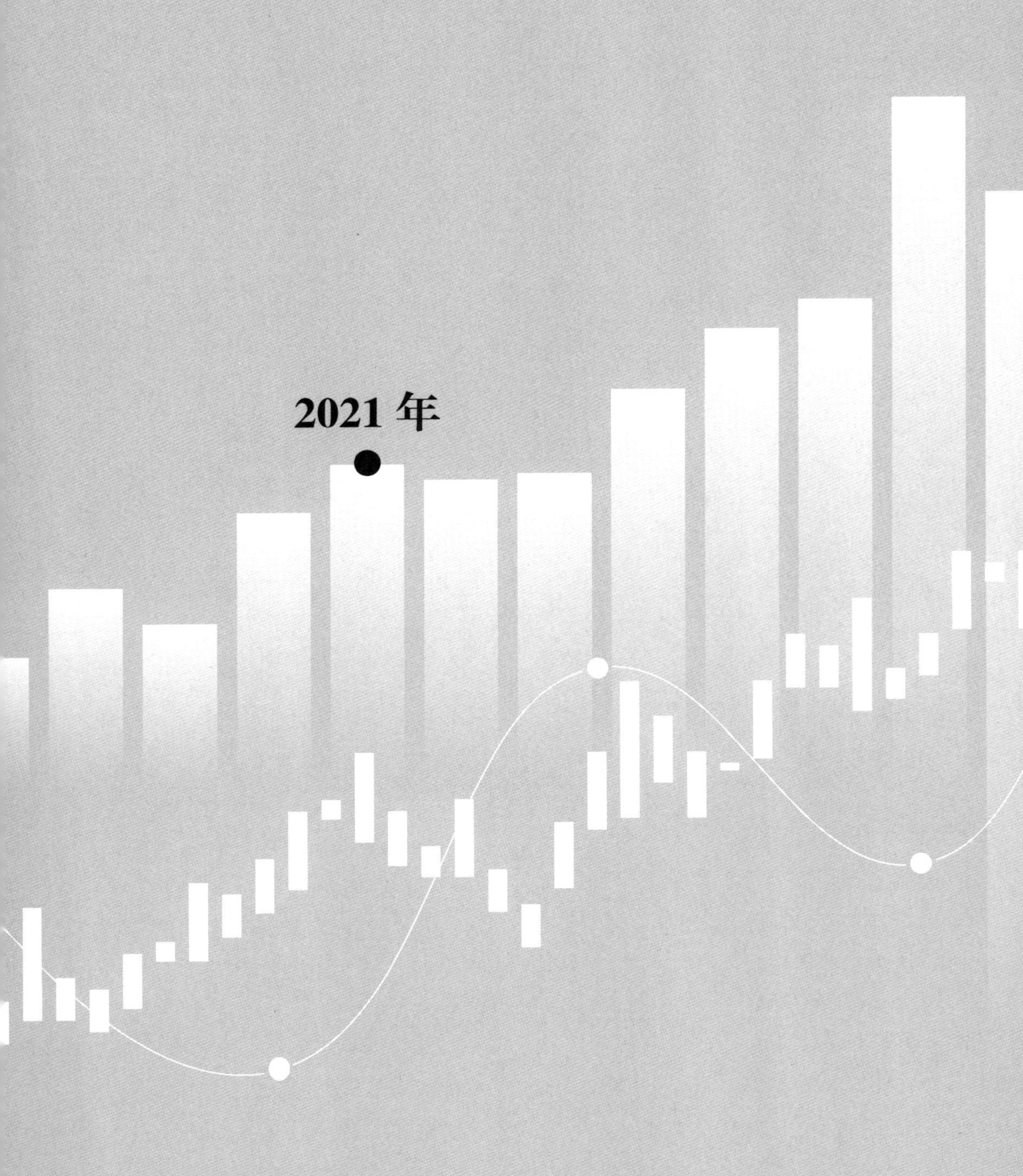

必须严肃追究、惩处金融欺诈

目前，湖南高速集团与安信信托的官司，引起了国内有关方面人士的高度关注。

湖南高速集团耗资 4 亿元，购买了安信信托的某产品，并且签订了两份协议，即《信托受益权转让协议》和《补充协议》。在这两份协议中，安信信托承诺刚性兑付、保本保息。结果，该产品爆雷，安信信托违约，湖南高速集团投入的钱拿不回来了。于是，湖南高速集团便向法院起诉，要求安信信托执行协议，刚性兑付。在诉讼中，对当时签订的两份协议如何认定，刚性兑付承诺是否有效，便成为判决的焦点。长沙市中院一审认定，这两份协议有效，判决湖南高速集团胜诉。二审的湖南省高院则认为，这两份协议本身是违法的，现有的金融法规已经明确规定，此类信托产品是不允许刚性兑付的，因此认定，这两份协议无效，湖南高速集团败诉。进而，湖南高速集团不仅钱拿不回来，而且还要支付 550 万元的诉讼费用。

单纯从这两份协议的有效性角度来看，湖南省高院的认定是正确的，判决也是正确的，社会效果也是正面的，能够有效地维护金融法规的严肃性。而长沙市中院的一审判决，则无疑是在实际上否定了已有的金融法规，这对于金融市场的稳定健康发展，显然是很不利的。

如果放宽视野，则不难发现，在此案件的二审中，存在着一个重大缺憾、纰漏。这就是，安信信托的严重金融欺诈行为没有得到应有的追究、惩处。安信信托明明知道，该信托产品是金融法规明确规定不允许刚性兑付的、是不可能实现刚性兑付的，但是，它却向客户承诺刚性兑付并且签订了相应协议。显然，这是严重的金融欺诈行为。如果这种金融欺诈行为不会受到法律的追究与惩罚，那么，肯定会有更多金融机构采用类似的手法，去忽悠客户，尤其是中小客户。这样，社会效果之坏，可能不亚于“彭宇案”。

总之，在该案件的审理中，应当在认定“两份协议”违法、无效的同时，严肃追究安信信托的金融欺诈罪，并且严厉惩处。严厉的程度要足以震慑金融机构，使得它们不敢效仿安信信托。主要惩罚措施应包括三个方面：一是赔偿，足额赔偿受害者的经济损失；二是罚款，要罚得“痛”，可以定为案值的 1—20 倍；三是刑事责任，法人代表及直接责任人要承担刑事责任。

应当看到，只有严格依法追究、惩处金融欺诈行为，金融市场才会有良好的秩序，中小投资者的利益才会有切实保障。特别是，唯有严厉惩罚金融欺诈行为，我国才有可能真正迈入“诚信至上”的信用经济时代。这对于跨越“中等收入陷阱”是十分重要与必要的。

一点回忆：从城市信用社走向民营银行

民营银行是指控制权、人事权完全属于“三会”的银行机构。按此定义，浙江省有 7 家民营银行，除“民营银行序列”中的浙江网商银行、温州民商银行外，还有“城市商业银行序列”中的台州银行、泰隆银行、稠州银行、民泰银行、东海银行。这 5 家银行均是由城市信用社发展、改制而来，前身分别是银座、泰隆、稠州、温岭市、绿叶等 5 家城信社。除温岭市城信社外，其余 4 家城信社均为民营机构，并且是优秀城信社。由城信社发展成为民营银行，全国相当罕见，据笔者所知，类似案例，仅有江苏的长江银行与宁夏的石嘴山银行。目前这 5 家民营银行的经营状况除东海银行外，均相当不错。台州银行、泰隆银行是全国小微贷款的标杆银行，稠州、民泰也是优秀的普惠金融银行。2020 年，台州银行在世界排名 390 位，泰隆银行 451 位，稠州银行 408 位，民泰银行 596 位。应当指出，浙江是民营经济大省，小微企业数量众多，市场定位小微的民营银行多一些，既在情理之中，更是国民经济健康快速发展的客观需要。但是，从城市信用社发展演变为民营银行，道路漫长而曲折。

城市信用社是改革的产物，第一家城信社于 1979 年出现在河南省。进入 20 世纪 80 年代后在全国大量发展。1994 年底，全国共有 5200 家。城信社的产权制度名义上是集体所有制或合作制，实际上主要是不规范的股份制。1995 年底,浙江省有城信社 145 家,其中“戴红帽子”的民营机构有 40 家左右，主要分布在温州、台州，金华和宁波也有个别存在。1996 年开始，在中心城市合并城信社组建城市合作银行，浙江省组建了 7 家（杭州、宁波、温州、绍兴、嘉兴、湖州、金华）。1998 年末，全国尚有 3290 家。同期，浙江省尚有城信社 101 家,存款余额 161.65 亿元,贷款余额 101.67 亿元,员工 5313 人，分别占全省金融机构的 3.08%、2.61% 和 4.1%；不良贷款率 16.55%，优于“四大银行”（18.12%）、农信社（23.89%）和城市商业银行（29.09%）。由表 1 可知，当时浙江省城信社的经营状况明显好于全国，差距还相当大。

表 1　1998 年末浙江省城市信用社经营状况与相关银行机构的比较

	浙江城信社	浙江农信社	浙江城商行	浙江“四大银行”	全国城信社
存款增长率 /%	20.5	17.2	20.4	25.3	1.4
利润总额 / 万元	3998	－3152	－7986	72198	—
不良贷款率 /%	16.55	23.89	29.09	18.12	28.97
贷款利润率 /%	0.39	－0.05	－0.58	0.30	－2.56

资料来源：浙江省金融统计月报。

20 世纪 90 年代后期，鉴于全国多数城信社的经营状况恶化，不良贷款高企，全行业亏损，存款增长停滞，风险相当大。于是，国务院办公厅于 1998 年 10 月转发了中国人民银行《整顿城市信用合作社工作方案的通知》，于 1999 年开始，对全国城信社进行力度很大的整顿。“整顿”的基本思路是，要在深入清产核资、摸清风险的基础上，对城信社进行分类处置：在中心城市继续组建城市商业银行（此时城市合作银行改名为城市商业银行）；风险低、业绩好的城信社择优保留，全国拟 100 家左右；其余城信社退出市场。“退出”有三种方式：由法人银行机构收购；并入农信联社；清盘关闭。

银座等 5 家城信社通过了整顿的“洗礼”，最终成为民营性质的城市商业银行。

银座城信社走向银行的道路较为顺利。台州市 1996 年就被列入组建城市合作银行的城市名单。由于当时的做法是“行政化组建”和简单的“归大堆”，这势必使优秀的银座城信社不复存在。为保护银座城信社，中国人民银行浙江省分行与台州市分行积极向上级反映情况，争取到“暂缓组建”。在这次“大整顿”中，组建“城市商业银行”便自然摆上日程。这次，吸取了以往的教训，不再搞“行政化组建”和简单“归大堆”；而是强调“以优秀城信社为核心，并把风险阻挡在新建的城商行门外”。当时台州市区有两家优秀城信社。一是银座，1999 年末，存贷款余额分别为 17.34 亿元和 11.82 亿元，不良贷款率仅 1% 左右，均列全国城信社之首。二是泰隆，1999 年末，存款贷款余额分别为 11.45 亿元和 6.13 亿元，不良率也仅为 2% 左右，发展速度之快，居全国城信社之首。因此，最初的方案是，分别以银座与泰隆为核心组建两家城商行，市区其他 8 家城信社自愿选择加入一家。但是，上级金融监管部门只给了一块牌照，“台州市商业银行”。因此，方案只能改为：以银座为核心组建“台州市商业银行”，泰隆不参加，暂时独立发展，其他 8 家城信社全部加入（实际上就是被银座兼并）。台州市政府十分开明，仅参股 5%，不持大股，以确保银座的优良机制续存。组建中，虽然也遇到不少麻烦，但总体还算顺利。台州市商业银行于 2002 年 3 月 22 日开业。

泰隆等 4 家城信社走向民营银行的道路就坎坷多了，差一点被“清理退出”。

2003 年 9 月 13 日，泰隆城信社发生激烈挤兑，并且挤兑迅速蔓延到台州市区的所有城信社。由于省市政府与金融监管当局考虑到泰隆的资产质量是好的，挤兑是单纯的流动性风险；并且之所以发生挤兑，主要在于公众受了不正确信息的误导。因此，决定全力救助，并由吕祖善省长坐镇指挥。仅仅两天，挤兑就宣告平息。两天中，泰隆的存款下降了 1/3。由于泰隆是全国知名的优秀城信社，因而挤兑造成的影响甚大，许多地方的政府及监管部门把城信社看作不稳定因素，是地雷。进而，城信社的处置政策发生了重大变化，由“择优保留”调整为“一个不留”，全部清退。于是，城信社的清退速度大大加快。浙江省的许多资产质量良好，居当地金融机构前茅的优秀城信社也都被清退了。比如，临安钱王、桐庐开源、衢州金桥、兰溪市、江山须江、临海银泰等等。到 2002 年 6 月末，全省还在正常营业的城信社仅剩下泰隆、稠州、温岭市、绿叶等 4 家了。

泰隆、稠州、绿叶都是民营性质的机构，有很强的求生欲，同时，资产质量也都不错，能够维持正常营业。

表 2　2002 年末泰隆等四家城市信用社的经营状况

	路桥泰隆	温岭市	义乌稠州	象山绿叶
资产总计 / 万元	221349	167209	288903	54040
各项存款 / 万元	211600	149428	266179	50030
各项贷款 / 万元	136825	89911	195094	26545
不良贷款率 /%	2.2	7.65	1.50	5.36
户均贷款 / 万元 *	54.1	56.5	49.8	11.4
当年利润总额 / 万元	1122	688	3750	409

注：* 系 2002 年 6 月末数据。

泰隆城信社一直竭诚为小微客户服务，资产质量又不错，在当地的口碑甚佳。挤兑平息后，无论政府、监管部门、同业、客户，都盼望泰隆早日恢复元气，继续为当地经济服务。泰隆自己也很争气，上下齐心，励精图治。没有一个员工由于发生挤兑而离开泰隆，存款也恢复甚快，仅仅两个月便超过了挤兑前的水平。2002 年 3 月，中国人民银行台州市中支接到中国人民银行上海分行的通知，要求在 6 月底前完成泰隆并入路桥农信联社事宜，并立即上报具体实施方案。一时间，压力甚大。恰好，路桥农信联社主任潘峰表态，坚决不接受泰隆并入，因为泰隆的规模太大，联社管不了。以致到了 6 月底，并入农信社之事还拖着。

稠州城信社的条件较好，规模较大，是泰隆的 1.3 倍；市场定位与资产质量均相当优良，户均贷款略小于泰隆，不良贷款率仅 1.5% 左右，比泰隆还略优；外部经营环境也佳，义乌经济发达，小微客户资源丰富；再加上与当地政府有良好关系，所以生存能力较强。

宁波象山的绿叶城信社是面向小微客户的小金融机构，户均贷款仅 11.4 万元，不到泰隆、稠州的 1/4。绿叶城信社风险控制良好，在宁波市 2001 年金融机构“创安”综合考核中获得 92.5 分（“四大银行”平均得 68.7 分），仅次于浦发宁波分行（93.5 分），名列全市 30 家金融机构第二，名列全市城乡信用社第一。但是，当地政府由于担心今后承担风险处置责任，加上绿叶社平时“不够听话”，因而坚决要求“清退”。这样，绿叶社的处境相当艰难，并且已经出现业务骨干流失、市场份额下降等现象。为了“活”下去，绿叶社是最下功夫的，主要做法是：努力防控风险，筑了三道“防线”；积极与各级金融监管部门沟通、陈情；努力联系知名学者及权威媒体如新华社等，通过他们向高层决策部门陈情；遵循监管部门要求，积极找股份制银行谈判收购事宜，通过谈判拖延时间，等待政策变化。

温岭市城信社之所以能够留到最后，则是由于当地政府的有力保护。温岭市政府向监管当局提出，当地的“张畏黑社会性质集团”给温岭市城信社造成了几千万元呆账，并有数位城信社高管涉案，因而城信社的处置应当暂缓，待“张畏黑社会性质案件”审结后再行清理。

我当时是人行杭州中支的研究人员，长期从事调研，十分理解一个市场定位小微、资产质量又良好的优秀城信社，对于民营经济健康发展的重要性。比如，我在宁波市调研时，中国人民银行宁波市中支某副行长坦承，一旦绿叶城信社被清理，该社的 2000 多个小微客户将有 90% 无法再获得金融机构贷款。因此，我认为，应当让市场定位小微、资产质量上佳的优秀城信社继续生存发展。2002 年 6 月，我撰写了《城信社被商业银行收购后的市场定位变化及对策建议》，主要内容是：义乌、瑞安等地的 3 家城信社被股份制银行收购的案例显示，城信社被收购后，贷款客户迅速减少，户均贷款迅速上升，这对民营中小企业及个体工商户的生存发展极为不利；同时，金融实践已经清楚证明，机构规模小不等于风险大；因此建议，城信社还是要“择优保留”，允许像泰隆、绿叶这样的竭诚为小微客户服务的、资产质量又较好的优秀机构继续生存发展。该文作为“货币监测报告”上报中国人民银行总行。但是，在上报中，审核人以文章的观点与中国人民银行的政策不符为由，删去了“对策建议”。因而，我在注明“本文系个人观点，与单位无关”后投寄《经济观察报》，该文于 7 月 2 日在《经济观察报》上刊登。随后，立即被国家经贸委下载并上报国务院，并被时任国务院副总理温家宝批转给中国人民银行行长戴相龙。此后，城信社的处置政策便从“一个不留”回归“择优保留”。可惜，这时，全国较好的城信社大多数已经被“清退”，远远找不出 100 家了。

8 月初，中国人民银行总行通知我参加以总行参事室为主的城信社调查组，去上海分行、南京分行辖区调查。在浙江，调查组到了义乌、路桥、温岭、宁波。每到一地，调查组都要求当地政府、城信社分开汇报，但只有宁波这样做，其他三地都不肯分开。尤其是温岭，市长更是全程陪同。这三地的政府都从民营经济发展需要与当地城信社风险可控的角度出发，殷切要求保留城信社。在温岭，我问市长，城信社有 7000 万元不良贷款，实际上已经资不抵债，如何解决？市长拍拍胸脯：“由我负责，市政府有 5 亿元城建资金，我存入城信社，再贷出来使用，如此三年，贷款利息便足以冲销这些呆账。”在宁波，则是另一番景象。绿叶社主任被安排在外面等候，政府汇报结束才叫他进去。汇报中，宁波市监管部门拿出一份“绿叶城信社八大严重问题”的打印件，象山县政府要求早日“清退”绿叶社，还找来两位个体工商户诉说绿叶社的种种不是。但是一追问，此二人居然不是绿叶社的客户。

调研结束后，在上报中国人民银行总行领导的调研报告中，浙江省的这 4 家城信社都列入了建议保留的名单。我还建议加上几句话：“从经济发展的需要看，资本金 500 万元至 5000 万元的小微银行机构仍有存在之必要。建议今后，在适当的时候开放此类小机构的市场准入。”这也被写入报告中了。

11 月 4 日中国人民银行总行办公厅发出《关于泰隆等四家城市信用社处置问题的通知》，该文件说：泰隆等四家城信社在做好增资扩股，完善法人治理结构，完善规章制度、健全内控机制等三项工作后，可以继续保留独立法人资格。这使得四家城信社欣喜万分：“天，终于亮了！”

此后泰隆等 4 家城信社首先努力完成上述三项工作，接着按城市商业银行的要求发展、改进。

其中，温岭市城信社经当地政府同意与监管部门批准，借鉴台州银行做法，当地政府参股，但不持大股；控制权、人事权完全归于“三会”；董事长入股，加上关联股后，成为最大股东。在改组为银行时，定名为“民泰”。

2006 年 8 月 15 日，浙江泰隆商业银行、浙江稠州商业银行双双开业；8 月 18 日，浙江民泰商业银行开业。绿叶社在增资扩股时，引入北京的民营企业远大集团为控股大股东，犯了“脚踏两条船”（民营工商企业主在掌控工商企业的同时又掌控银行）之大忌，因而一直发展不顺气，晚了好几年才改组为银行，定名“宁波东海银行”，于 2012 年 4 月 6 日开业。

（此文写作中得到王松炎先生的指导与帮助，特此感谢）

当前深化改革应当着重三个方面

现阶段，我国经济工作要实现两大基本目标。一是构建以国内大循环为主体的、国内国际双循环发展格局。这既是应对当前错综复杂的国际形势的需要，更是促进国民经济持续健康发展需要。二是跨越“中等收入陷阱”，迈入高收入国家行列。2019 年，我国大陆的人均 GDP 为 10410 美元，不但已经是中等偏上收入国家，而且距离高收入国家（人均 GDP 大于 12055 美元）也已经不远。下一步，当然是要争取早日进入高收入国家行列。为实现这两个基本目标，需要继续深化改革开放，其中，下列三个方面的改革至关重要，必不可少。

一、切实加大对外开放力度，以适应有关国际协定、兑现承诺

我们加入 WTO 后，由于改革不到位，开放力度不够，以至于未能完全兑现加入时作出的承诺；结果，人家就不承认我国的“市场经济国家”地位，最终吃亏的还是我们。目前，我国已经签署了“区域全面经济伙伴关系协定”和“中欧全面投资协定”，还在争取加入 CP-TPP。这些都做得非常正确、非常漂亮。但是，一定要接受教训，确保做到完全兑现相关协定。为此，就需要切实加大开放力度，除了确保兑现 WTO 和区域全面经济伙伴关系协定、

中欧全面投资协定外，还要考虑今后加入 CP-TPP 的需要。

这个方面的改革开放做好了，我们就能够挫败国际上反华势力的孤立中国、“脱钩”中国的企图。我们的“双循环”才能完善、健康运转，不至于成为被封锁的中国，进而，迈入高收入国家的目标也才有可能顺利实现。

二、切实推进收入分配改革，缩小社会贫富差距

收入分配结构欠合理，社会贫富差距过大，乃是当前我国经济结构中存在的严重问题。一是居民收入占 GDP 比重偏低。1990 年，这一比重为 55.3%，此后便一路下滑，2019 年只有 43.4% 了（见表 1）。对于广大老百姓来说，真正有意义的不是 GDP，而是可支配收入。二是基尼系数高企。20 世纪 90 年代，我国的居民收入基尼系数快速上升，突破了“中等收入不平等”的上限 0.4；进入 21 世纪后继续上升并长期保持在 0.47 左右。目前，我国的基尼系数已经高于发达国家和多数发展中国家。

表 1　我国的人均可支配收入和人均 GDP

	1978 年	1985 年	1990 年	1995 年	2005 年	2015 年	2016 年	2017 年	2018 年	2019 年
A 人均 GDP / 元	385	866	1663	5091	14368	50028	53680	59201	64644	70892
B 人均可支配收入 / 元	171.2	478.6	903.9	2363	6385	21996	23821	25974	28228	30733
B/A（%）	44.5	55.3	54.4	46.4	44.4	43.9	44.4	43.9	43.7	43.4
消费率 /%	61.4	64.5	62.9	58.8	53.6	51.8	53.6	53.6	54.3	

我国目前的贫富差距相当严重。虽然,我国的脱贫工作成绩巨大举世瞩目,但是,目前实现的脱贫是低水平的。2020 年的脱贫标准是人均年收入 4000 元;而按联合国机构的标准，中等偏上收入国家的贫困线为每天收入 5.5 美元，折合人均年收入人民币 13849 元。

“居民收入占 GDP 比重偏低，社会贫富差距过大”，不但是内需不足的基

本根源，而且也是社会不稳定因素产生的最重要的根源。这个问题若不能有效、妥善地解决，那么，我们的两个“基本目标”都是难以实现的。内需不足，首先会使“国内大循环”难以完善，还会使我们的国内市场体量优势难以充分发挥；“社会贫富差距偏大”，则更是跨越“中等收入陷阱”的重大障碍。特别需要指出，随着社会生产力的发展，基尼系数上升正是马克思在《资本论》中深入批判过的经典资本主义生产方式的特征，是与社会主义制度格格不入的。

因此，应当把从根本上纾解居民收入占 GDP 比重过低、基尼系数过高问题上升为国家核心战略，下大决心、花大力气尽快克服、纠正。要争取 5 年左右实现初步纾解，即居民收入占 GDP 比重上升到 55% 左右、基尼系数降低到 0.4 左右；10 年左右基本纾解，即居民收入占 GDP 比重上升到 60% 以上、基尼系数下降到 0.35 左右。

需要注意，上述问题的主要成因并非由于改革的“市场取向”，而是由于在重视“效率”的同时相对忽视“公平”，以及由于在处理政府与市场关系中存在偏差，有些不该放开的领域放开了，有些应当放开的领域却没有放开。因此在推进策略措施上，不宜单纯地“公有化”，而应当借鉴现代市场经济国家处理“效率与公平关系”的经验，尤其是汲取北欧模式国家的有益营养。要努力加大广大群众对公权力的监督力度；要努力加大劳动者在“一次分配”中的话语权；要努力解决住房、医疗、教育、养老问题；要在继续大力扶贫的同时，努力建设向弱者倾斜的社会福利制度；要不断完善对奢侈消费品（包括豪宅）的税收征收制度；等等。

三、努力建设“诚信至上”的信用经济

信用经济是指“诚信至上”成为社会风尚的经济，它是市场经济的高级形式。在信用经济中，完善的征信系统搜集了全社会法人、自然人的有关征信信息，并且，对于失信、欺诈行为有着完备、严厉甚至入刑的惩罚措施。进而，在社会生活中，良好的信用记录成为企业生存、发展及个人正常生活、发展的最重要的资源，有不良信用记录者会“寸步难行”。于是，讲求诚信、遵守契约便成为社会的主流风气。

信用经济的优势十分明显。由于人们讲求诚信,人与人之间的信任度很高,从而十分有助于降低交易成本，十分有助于知识产权保护，十分有助于促进社会和谐。因此，目前世界上的发达国家均已经迈入信用经济时代，只是各国的完备程度还有所差别。

目前，我国虽然已经在努力打造征信系统，但是，距离信用经济还相当远，在社会生活中，欺诈、失信行为还大量存在。比如金融欺诈，全国“爆雷”的数额已是海量；又如商品欺诈，不实广告、假冒伪劣商品到处可见，网购中尤甚；再如信息欺诈，就更为严重，隐瞒重要信息、提供虚假信息、做假账、作伪证、假学历、假履历，还有剽窃、抄袭，诸如此类，花样层出不穷。显然，我国要想跨越“中等收入陷阱”，十分需要实现上述情况的根本性好转。为此，必须大力建设信用经济。

建设信用经济主要依靠完善的法律法规和严格的社会管理。当前，特别应当注重三点。一是扩大征信信息范围，一切有关信用的信息都应当载入。目前我国的征信信息系统主要收载与信贷有关的信息，这是远远不够的。比如在欧美发达国家中，乘公交车逃票都要载入个人信用记录，值得我们借鉴。二是要进行严厉的惩罚。我国现在对欺诈、失信行为的惩罚太宽松。比如，向银行提供虚假信息，在我国，只要没有造成信贷资金损失，基本上是不受处罚的；而在美国，则不论是否造成不良后果，都是要入刑的。再如，对于做假账、假广告、假新闻、假学历、假履历、剽窃、抄袭等的惩罚也远远不够严厉。三是要通过重罚假冒伪劣商品的制造者、重奖假冒伪劣商品的揭露者，促使广大商品制造者由潜在的违法者转变为良好市场环境的维护者。

我国在脱碳行动中要切实抓住两大发展机遇

避免发生全球性的气候灾难，乃是全人类的根本利益。为此，经济发展必须“脱碳化”，走向碳达峰、碳中和。这已经成为全世界的共识。

近来，全球加快了脱碳行动步伐，政策制定者纷纷提出脱碳行动目标。4月，联合国秘书长提出，“2040 年之前全面退出煤炭火力发电”；全球气候问题领导人峰会上，各国领导人提出本国的减排承诺；5 月，国际能源署又提出，“必须从 2021 年起停止所有新的石油和天然气勘探项目”。这些不断加快的脱碳行动，一方面是各国在为避免全球性气候灾难做出努力，另一方面也有可能成为一些国家的发展契机。

目前，发达国家大都承诺 2050 年甚至更早实现碳中和。我国则根据“共同但有区别”的原则承诺在 2030 年实现碳达峰，2060 年实现碳中和。

这个“3060”目标对我国是压力山大的，需要付出非凡的努力才能实现。其一，我国能源消费总量大，资源禀赋又是“富煤、贫油、少气”，因而能源消费结构偏煤，同量的能源消耗会排放更多的二氧化碳。2019 年，我国能源消费总量为 48.7 亿吨标准煤，其中煤炭占 57.7%，以致我国的二氧化碳排放量较大。其二，产业结构偏重，高耗能的钢铁、水泥等行业的产能占全球一半以上。其三，能源效率偏低，目前我国单位 GDP 的能耗是全球平均值的 1.3

倍。其四，由于上述三点，我国产业结构调整的任务十分繁重艰巨，尤其是那些煤炭生产大省、钢铁水泥大省。其五，时间偏紧，发达国家从碳达峰到碳中和，短的有 45 年，长的有 70 年，而留给我国的时间仅为 30 年。

但是，我国在脱碳化过程中也存在不少良好的发展机遇，应当切实加以利用，尤其是下述两项机遇，亟须牢牢抓住。

一、应当加速开发藏北高原的太阳能资源

这不但能使我国获得充足的绿色能源，实现碳中和，而且还能够使得我国由能源净进口国转变为净出口国，并且还是绿色能源出口大国，进而引爆一场能源革命，其意义将远远超过美国的“页岩油革命”。

藏北高原是位于西藏自治区西北部的一片高寒土地，面积近 60 万平方千米，平均海拔超过 4000 米，一月的平均气温为 -10 ℃至 -20 ℃，七月的平均气温也低于 10 ℃。目前，藏北高原人烟稀少，每平方千米仅有 0.5 人，还是不毛之地。但是那里蕴藏着极为丰富的太阳能资源，年日照超过 3200 个小时，太阳辐射总量超过 200 千卡 / 平方厘米 · 年（其中最高值为 262.9 千卡 / 平方厘米 · 年）。如果光伏发电效率以 20% 计（目前最高已达 31%，先进水平为 25% 左右），利用 1 平方千米的太阳能，一年获得的能量便相当于生产 4 万吨石油（热值以 10000 千卡 / 千克计）。如果能够开发利用 10 万平方千米，获得的能源就相当于每年生产 40 亿吨石油或 57 亿吨标煤（热值 7000 千卡 / 千克）。这个数量超过了我国的能源消费总量，足以满足碳中和的需要，进而也没有必要去大量发展“碳存储”行业了。

目前我们的光伏技术能否胜任这个开发任务呢？调查公司彭博新能源财经的数据给出了回答。该公司按照国家和地区调查了新建发电站时哪种电源成本最低。产生 1000 千瓦时电力最为廉价的电源是，日本为煤炭火力发电（74 美元），中国为光伏发电（33 美元），美国为风力发电（36 美元），英国为风力发电（42 美元）。这组数据至少表明，我国现有的光伏发电技术已经具有良好的竞争力，能够平价供电，能够“商业化”，具备进军藏北高原的基本能力。

相对于我国自己的需求，藏北高原的太阳能资源是绰绰有余的。因此一

且成功开发，还可以大量出口，主要的产品是“绿氢”，即使用光伏电制备的氢气与氨；也可以直接通过电网输送或其他方式（如蓄电）销售。这样，我国将出现一个新兴的绿色能源产业，进而成为绿色能源出口大国。这将是一场伟大的能源革命，其意义远远超过美国的“页岩油革命”。显然，这样做了，我们就能够“变危为机”，使得实现“3060”的过程成为促进我国经济发展的新的良好契机。

二、在开发藏北高原的太阳能资源时，邀请日本、韩国加入，进行资金合作、技术合作，资源共享

这样做，不仅将大大加快开发藏北高原的进度，促使中、日、韩乃至全球加速实现碳中和，更为重要的是，能够大大加强中、日、韩三国的经济联系，进而促进中日韩自贸区的实现，促进中日韩经济共同体的实现。

日本与韩国是我国“一衣带水”的邻居，两国都是发达国家，拥有充沛的资金及较为先进的技术，又均在2013年实现了碳达峰，并且承诺将于2050年实现碳中和。两国在脱碳化进程中，最大的短板是缺乏丰裕的可再生能源。比如，日本政府将把海上风电定位为扩大可再生能源的王牌，但是，根据彭博新能源财经的调查数据，日本风电每1000千瓦时的成本为113美元，是本国煤炭火力发电成本的1.5倍多，美国风电成本的三倍多，接近英国风电成本的三倍。日本光伏发电的成本就更高，每1000千瓦时需124美元，接近我国光伏发电成本的4倍。如果根据最廉价发电方式用不同颜色涂抹世界地图，可再生能源为绿色，天然气为灰色，煤炭为黑色，将呈现“世界是绿色，日本是黑色”的状况。韩国的情况也类似日本。正是由于可再生能源资源的贫瘠，两国在脱碳化道路上步履蹒跚。峰值在2013年，日本与韩国的二氧化碳排放总量分别为14.08亿吨和6.97亿吨，人均排放量分别为11.17吨和13.82吨。到了2019年，日、韩两国的排放总量分别降为13.2亿吨和6.73亿吨，分别仅下降6.3%和3.4%；两国的人均排放量分别降为10.49吨和13.03吨，分别仅下降6.1%和5.7%。按此速度减排，要在2050年实现碳中和是有困难的。目前，日、韩两国的人均二氧化碳排放量都相当高，2019年，在发达国家中仅仅低于油气生产大国加拿大（16.55吨）和美国（15.32吨），而显著高

于其他发达国家，如英国（5.64 吨）、法国（5.13 吨）、意大利（6.02 吨）和德国（9.91 吨），同时也高于我国（9.21 吨）。两国如果加入了“合作开发”，那么，“资源约束短板”就会消失，脱碳化道路就会变得顺畅。总之，这个项目有点像“北溪 2 号”，并且其对日、韩两国意义之大，更是胜于“北溪 2 号”。只要我们盛情邀请，日、韩两国大概率会欣然接受的。

中、日、韩如果实现“合作开发”，那么，不仅投入开发的资金量将大大增加，更重要的是，在开发技术方面可以大大补强。开发技术主要是 4 个方面，“发电，输送，储存，转化”。发电，就是把太阳辐射转化为电能。目前我国的太阳能电池板产量居世界首位，占有 8 成市场份额，技术水平也不落后，但不能说是最先进，吸取日、韩的优点后会变得更好。输送，就是把电能由光伏电站送达用户，藏北高原地处西部边远地区，需要远距离输送技术。这方面，我国的特高压远距离输电技术乃世界第一。储存，就是将电能储存在各类蓄电池中，以供各种客户选择使用。这方面，中、日、韩均不落后，各有特色。相比之下，日本更强一些。如车载蓄电池方面，全球拥有专利最多的车载蓄电池生产企业中，前 5 名均为日本企业。转化，就是将电能转化为其他形式的能源，主要是转化为氢能以及氨，用于车辆、轮船以及替代焦炭炼铁等等。这方面，日本是领先于世界的。不过，目前日本使用的氢能大多数是用天然气制造的（天然气→氢气＋二氧化碳），这通常被称为“蓝氢”或“灰氢”。“合作开发”后，就可以大量用光伏电制造“绿氢”了。

“合作开发”后，日本和韩国将获得丰富、廉价的可再生能源，进而顺利地“脱碳化”，实现碳中和。

“合作开发”能给我国带来的好处就更多，主要有：

（1）能够促使“3060”目标如期甚至提早实现，进而有助于改善生态环境，减轻乃至消除大气污染，提升人民的生活质量。

（2）能够切实加强中、日、韩的经济联系与经济合作，促进中日韩自贸区和中日韩经济共同体的实现。这十分有助于促进“双循环”实现，以及击破“国际反华势力”对我国的封堵。

（3）我国将由化石能源进口大国演变成绿色能源出口大国。这是一次伟大的能源革命，其意义远超美国的“页岩油革命”。

（4）能够大大促进全球的碳中和进程，为防止全球性气候灾难作出重大贡献，这势必获得全球的尊重与赞扬。

总之，开发藏北高原太阳能资源，并且邀请日、韩“合作开发”，将会出现“日本韩国赢，世界赢，中国更赢”的结果，值得我们为之努力。

（此文刊载于 2021 年 10 月 22 日《改革内参》）